MACD
指标实战技法

彬哥看盘◎编著

中国宇航出版社
·北京·

版权所有　侵权必究

图书在版编目（CIP）数据

MACD指标实战技法 / 彬哥看盘编著. -- 北京：中国宇航出版社，2024.6
ISBN 978-7-5159-2385-7

Ⅰ. ①M… Ⅱ. ①彬… Ⅲ. ①股票投资－基本知识 Ⅳ. ①F830.91

中国国家版本馆CIP数据核字(2024)第087740号

策划编辑	卢　册	封面设计	王晓武
责任编辑	卢　册	责任校对	吴媛媛

出版发行　**中国宇航出版社**

社　址　北京市阜成路8号　　邮　编　100830
　　　　（010）68768548
网　址　www.caphbook.com
经　销　新华书店
发行部　（010）68767386　　（010）68371900
　　　　（010）68767382　　（010）88100613（传真）
零售店　读者服务部
　　　　（010）68371105
承　印　三河市君旺印务有限公司
版　次　2024年6月第1版　2024年6月第1次印刷
规　格　710×1000　　开　本　1/16
印　张　11.5　　字　数　149千字
书　号　ISBN 978-7-5159-2385-7
定　价　45.00元

本书如有印装质量问题，可与发行部联系调换

PREFACE 前言

市面上我们能看到的关于MACD指标的书已经不少,那笔者为何还要去专门写一本和MACD指标有关的书呢?这本书区别于其他同类图书的亮点又在哪里?

本书的第一大亮点就是理论与实操相结合,帮助投资者解决实操过程中的几大问题。

本书内容主要分为两大部分。第一部分是基础知识,主要带领读者了解MACD指标的基本原理、计算原理、指标的构成、一般研判标准、核心功能等。

第二部分的内容主要帮助读者解决四个问题。第一个问题是如何对市场进行研判。我们都知道,如果对市场的研判出现了失误,后期的操作就会变得非常困难。而如何对市场走势进行研判,MACD指标显然是一个有效的、值得参考的技术指标。

第二个问题是如何利用MACD指标进行选股。在对市场趋势的大方向作出研判之后,投资者就会面临选股的问题。有句话说得好,叫作"选择大于努力",还有句话叫作"跟对人,做对事"。本书即是教会读者利用MACD指标与均线的关系、周期的关系,并与其他技术指标相互配合，来进行选股。

本书帮助读者解决的第三个和第四个问题，就是如何买和如何卖的问题。不管是借助 MACD 指标的金叉、死叉，还是借助红绿柱进行买卖，目的只有一个，就是买在尽可能低的低点，卖在尽可能高的高点，赚取尽可能多的利润。

本书的另一大亮点是为读者精心绘制了百余张实战图，真实详尽，并对每个实战案例都进行了深入的解析。

希望各位读者都能通过这本书有所收获，有所提高。

CONTENTS 目 录

第一章 认识 MACD 指标

第一节 MACD 指标的原理和计算 / 3

一、MACD 指标的原理 / 3

二、MACD 指标的计算方法 / 4

第二节 MACD 指标的一般研判标准 / 5

一、DIFF 和 DEA 的值及 0 线的位置 / 6

二、DIFF 和 DEA 的交叉情况 / 7

三、MACD 指标中的能量柱（红绿柱）/ 8

第三节 MACD 指标的核心与功能 / 10

一、MACD 指标的四大核心 / 10

二、MACD 指标的五大功能 / 14

第四节 MACD 指标的背离 / 15

一、背离的定义 / 15

二、背离的交易含义 / 15

三、背离的分类 / 16

四、MACD 指标背离的几种形态 / 16

五、MACD 指标背离的注意事项 / 22

第五节　MACD 指标的四个区域 / 24

一、区域的划分 / 24

二、四大区域的实战意义 / 25

三、实战技巧 / 25

第二章　MACD 指标的三大辅助工具

第一节　认识能量柱（红绿柱）和 0 轴 / 29

一、MACD 指标的能量柱 / 29

二、MACD 指标的 0 轴线 / 29

三、MACD 指标能量柱（红绿柱）解读 / 30

第二节　认识 DIFF / 31

一、DIFF 的形态和指导意义 / 31

二、DIFF 线拐头 / 32

三、DIFF 穿越 0 轴 / 33

第三节　认识 DEA / 35

一、DEA 的形态和指导意义 / 35

二、DEA 的作用 / 35

第四节　DIFF 和 DEA 之间的三种关系 / 36

一、穿越 / 36

二、交叉 / 40

三、DIFF 与 DEA 的黏合和发散 / 43

第三章　MACD 指标的黄金搭档

第一节　MACD 指标的黄金搭档 KDJ 指标／49

一、KDJ 指标的起源／49

二、KDJ 指标的原理／50

三、KDJ 指标的计算方法／50

四、KDJ 指标的使用技巧／51

五、KDJ 指标的实战研判／51

六、KDJ 指标的分析周期／55

七、MACD 指标 +KDJ 指标买卖战法／56

第二节　MACD 指标的黄金搭档布林线／65

一、布林线的定义／65

二、布林线的计算／65

三、布林线的四大功能／66

四、布林线的应用／67

五、MACD 指标 + 布林线"双剑合璧"／69

第三节　MACD 指标的黄金搭档 AMO 指标／71

一、AMO 指标的定义／71

二、AMO 指标的用法／71

三、AMO 指标和 VOL 指标的区别／72

四、常见的六种量价关系／73

五、AMO 指标和 MACD 指标的配合使用／87

第四节　MACD 指标的黄金搭档 CYC 指标／88

一、CYC 指标设置和各条线的意义／88

二、移动平均线与成本均线的区别／89

三、成本均线的三种排列形式 / 90

四、成本均线的主要作用 / 90

五、利用 CYC 指标和 MACD 指标结合抓牛股 / 90

第五节　MACD 指标的黄金搭档 CCI 指标 / 91

一、认识 CCI 指标 / 91

二、CCI 指标的运行区间和用法 / 92

三、MACD 指标 +CCI 指标的黄金组合 / 92

第六节　MACD 指标的黄金搭档 RSI 指标 / 95

一、认识 RSI 指标 / 95

二、实战意义 / 96

三、MACD 指标 +RSI 指标组合买卖战法 / 97

第四章　MACD 指标的应用

第一节　短线 15 分钟 MACD+KDJ / 101

一、三个买入条件 / 101

二、注意事项 / 102

第二节　60 分钟 MACD 指标的买入技巧 / 103

一、60 分钟 MACD 指标的买入原则 / 103

二、注意事项 / 107

第三节　MACD 指标 +20 日均线组合战法 / 108

一、MACD 指标金叉 + 突破 20 日均线做多 / 108

二、MACD 指标死叉 + 跌破 20 日均线做空 / 111

第四节　MACD 指标 +60 日均线组合战法 / 115

一、选择 60 日均线的意义 / 115

二、MACD 指标 +60 日均线组合研判 / 115

三、跌破 60 日均线后做空的两个重要指标 / 118

四、注意事项 / 121

第五节　MACD 指标二次翻红买入法 / 121

一、MACD 指标二次翻红买入法的研判 / 121

二、MACD 指标二次翻红买入法的买入条件 / 122

三、实战意义 / 124

第六节　红绿柱抄底逃顶法 / 125

一、常见的底部 / 125

二、实战策略 / 126

三、注意事项 / 129

第七节　MACD 指标常见的八种买入形态 / 130

一、金叉上行—回调—再反弹 / 130

二、0 轴下金叉—死叉—金叉 / 131

三、0 轴上死叉—下穿 0 轴—金叉反弹 / 132

四、0 轴下金叉—回调将死不死—二次反弹 / 133

五、金叉上穿 0 轴—将死不死—重新反弹 / 133

六、0 轴上死叉—金叉 / 134

七、0 轴之下—两线黏合运行—金叉 / 135

八、0 轴下二次金叉—上穿 0 轴 / 136

第八节　MACD 指标与 0 轴的"黄金交叉" / 137

一、MACD 指标和 0 轴相交的意义 / 137

二、MACD 指标与 0 轴"黄金交叉"的三种类型 / 138

第五章　MACD 指标的特殊用法

第一节　MACD 指标寻找黑马股 / 145

一、黑马股的特征 / 145

二、黑马股的技术信号 / 147

三、MACD 指标擒"黑马" / 150

第二节　MACD 指标挑选大牛股 / 154

一、牛股的定义 / 154

二、牛股的 MACD 指标特征 / 155

三、MACD 指标选牛股的技巧 / 155

第三节　MACD 捕捉主升浪起涨点 / 159

一、主升浪的定义 / 159

二、判定主升浪的三个原则 / 159

三、出现主升浪的四种情况 / 160

第四节　周线 MACD 指标技战术分析 / 164

一、三种买入形态 / 164

二、四种卖出形态 / 166

三、周线 MACD 指标金叉选股三部曲 / 169

第五节　MACD 指标应用的 20 句口诀 / 172

第一章
认识 MACD 指标

第一节　MACD 指标的原理和计算

MACD指标，通常叫作指数平滑异同移动平均线，也叫MACD线，是由美国投资家杰拉尔德·阿佩尔（Gerald Apple）首创的，是一种研判股价买卖时机、跟踪股价运行趋势的技术分析工具。

一、MACD指标的原理

MACD指标是根据均线的构造原理，对股票价格的收盘价进行平滑处理，求出算术平均值以后再进行计算而得到的，是一种趋向类指标。

MACD指标主要由DIFF快线、DEA慢线、MACD柱线以及0轴这四部分构成。

MACD指标是运用DIFF快速（短期）和DEA慢速（长期）移动平均线及其聚散的征兆，加以双重平滑运算，进而根据移动平均线原理发展出来的。这样的结果一方面去除了移动平均线频繁发出假信号的缺陷，另一方面保留了移动平均线的效果，因此，MACD指标具有均线趋势性、稳重性、安定性等特点，是用来研判买卖股票的时机，预测股票价格涨跌的技术分析指标。

MACD指标主要是通过EMA、DIFF和DEA三值之间关系的研判，DIFF和DEA连接起来的移动平均线的研判，DIFF减去DEA值而绘制成的柱状图（BAR）的研判来分析判断行情、预测股价中短期趋势。其中，DIFF是核心，DEA是辅助。DIFF是快速平滑移动平均线（EMA1）和慢速平滑移动平均线（EMA2）的差。BAR柱状图在股市技术软件上是用红柱和绿柱的收缩来研判行情。

二、MACD指标的计算方法

MACD指标在计算上，首先计算出快速移动平均线（EMA1）和慢速移动平均线（EMA2），以此两个数值作为测量二者（快慢速线）间离差值（DIFF）的依据，然后再求DIFF的N周期的平滑移动平均线DEA线。

把EMA1的参数取为12日，EMA2的参数取为26日，DIFF的参数取为9日，来看一下MACD指标的计算过程。

（1）计算移动平均值（EMA）。

12日EMA的算式为：

EMA（12）=前一日EMA（12）×11/13＋今日收盘价×2/13

26日EMA的算式为：

EMA（26）=前一日EMA（26）×25/27＋今日收盘价×2/27

（2）计算离差值（DIFF）。

DIFF=今日EMA（12）－今日EMA（26）

（3）计算DIFF的9日EMA。

根据离差值计算其9日的EMA，即离差平均值，是所求的MACD值。为了不与指标原名相混淆，此值又名DEA或DEM。

今日DEA（MACD）=前一日DEA×8/10＋今日DIFF×2/10

计算出的DIFF和DEA数值均为正值或负值。

理论上，在持续的涨势中，12日EMA线在26日EMA线之上，其间的正离差值（+DIFF）会越来越大；反之，在跌势中，离差值可能变为负数（-DIFF），也会越来越大；而在行情开始好转时，正负离差值将会缩小。MACD指标正是利用正负的离差值（±DIFF）与离差值的N日平均线（N日EMA）的交叉信号作为买卖信号的依据，即以快慢速移动平均线的交叉原理来分析买卖信号。

MACD指标在交易软件上还有一个辅助指标——BAR柱状线，其公式为：BAR=2×(DIFF－DEA)，投资者可以利用BAR柱状线的收缩来决定买卖时机。

离差值DIFF和离差平均值DEA是研判MACD指标的主要工具。投资者只要了解其运算过程即可，更重要的是掌握它的研判功能。

根据不同的计算周期，MACD指标也包括分钟MACD指标、日MACD指标、周MACD指标以及月MACD指标、年MACD指标等各种类型。经常被用于股市研判的是日MACD指标和周MACD指标。虽然它们计算时的取值有所不同，但基本的计算方法一样。

在实践中，将各点的DIFF和DEA（MACD）连接起来，就会形成在0轴上下移动的两条快速（短期）线和慢速（长期）线，即为MACD图。

第二节　MACD指标的一般研判标准

MACD指标是市场上绝大多数投资者熟知的分析工具，但在具体运用时，投资者可能会对MACD指标的准确性、实效性、可操作性上有很多茫然的地方。市场上大部分论述股市技术分析的书中关于MACD指标的论述只局限在表面的层次，只介绍MACD指标的一般分析原理和方法，而对MACD指标一些特定的内涵和分析技巧的介绍鲜有涉及。本书将在介绍MACD指标一般研判技巧和分析方法的基础上，详细阐述MACD指标的特殊研判原理和功能。

MACD指标的一般研判标准主要是围绕快速和慢速两条均线及红、绿柱线的状况和它们的形态展开。通常包括DIFF和DEA值及它们所处的位置、

DIFF和DEA的交叉情况、红柱状的收缩情况和MACD图形的形态这四大方面的分析。

一、DIFF和DEA的值及0线的位置

（1）当DIFF和DEA均大于0（即在图形上表示为它们处于0线以上），并向右上方移动时，一般表示为股市处于多头行情中，适合买入股票或持股。

（2）当DIFF和DEA均小于0（即在图形上表示为它们处于0线以下），并向右下方移动时，一般表示为股市处于空头行情中，适合卖出股票或观望。

（3）当DIFF和DEA均大于0（即在图形上表示为它们处于0线以上），但都向右下方移动时，一般表示行情处于退潮阶段，股价将下跌，适合卖出股票或观望。

（4）当DIFF和DEA均小于0时（即在图形上表示为它们处于0线以下），但都向右上方移动时，一般表示行情即将启动，股价将上涨，适合分批买进股票或持股待涨。

如图1-1所示，ST斯达（600670）的走势图。我们在MACD指标

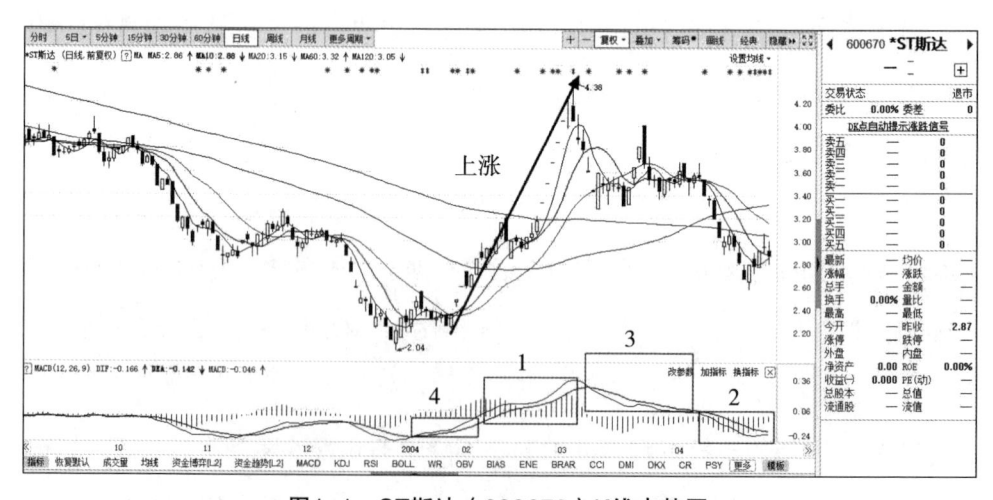

图1-1　ST斯达（600670）K线走势图

图上标注出来四个方框，分别用数字1、2、3、4做标记，方框1符合第一种情形，方框2符合第二种情形，方框3符合第三种情形，方框4符合第四种情形。

二、DIFF和DEA的交叉情况

1. 金叉

（1）当DIFF与DEA都在0轴线以上，而DIFF向上突破DEA时，表明股价处于一种强势状态之中，股价将再次上涨，可以加码买进股票或持股待涨。这是MACD指标金叉的第一种形式。

（2）当DIFF和DEA都在0轴线以下，而DIFF向上突破DEA时，表明股价即将转强，跌势有望结束，股价开始向上，可以买进股票或持股。这是MACD指标金叉的第二种形式。

如图1-2所示，东方明珠（600637）的走势图。该股在2014年5月28日出现第一次0轴线之下的金叉，2015年4月17日在0轴线之上出现第二次金叉，两次金叉均出现了不错的买点。

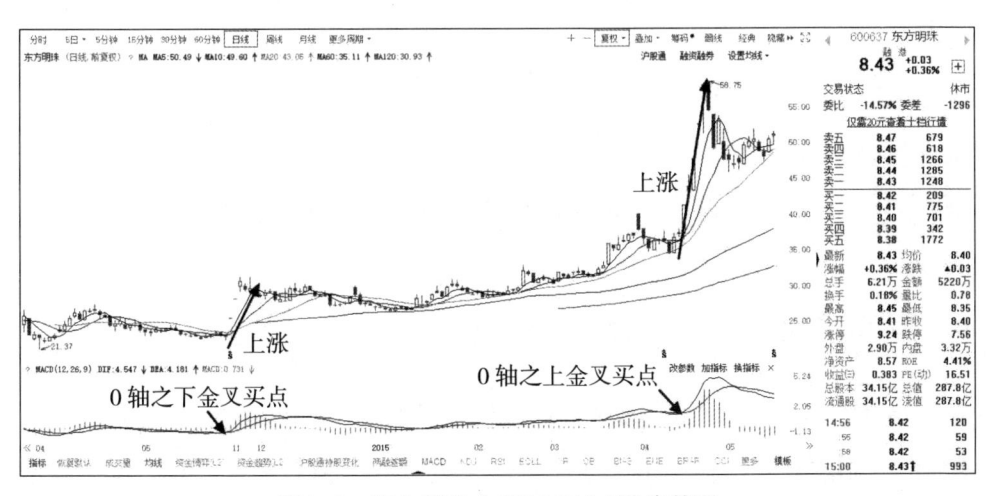

图1-2 东方明珠（600637）K线走势图

2. 死叉

（1）当DIFF与DEA都在0轴线以上，而DIFF却向下跌破DEA时，表明股价即将由强势转为弱势，股价将下跌，这时应卖出大部分股票而不能买入股票。这是MACD指标死叉的第一种形式。

（2）当DIFF和DEA都在0轴线以下，而DIFF向下跌破DEA时，表明股价将再次进入极度弱市中，股价还将下跌，可以卖出股票或观望。这是MACD指标死叉的第二种形式。

如图1-3所示，西昌电力（600505）的走势图。该股在图1-3中标记的每一次DIFF和DEA的死叉，不管是1、2、3、4箭头所示的0轴之上的位置，还是5、6箭头所示的0轴之下的位置，均出现了一波杀跌。

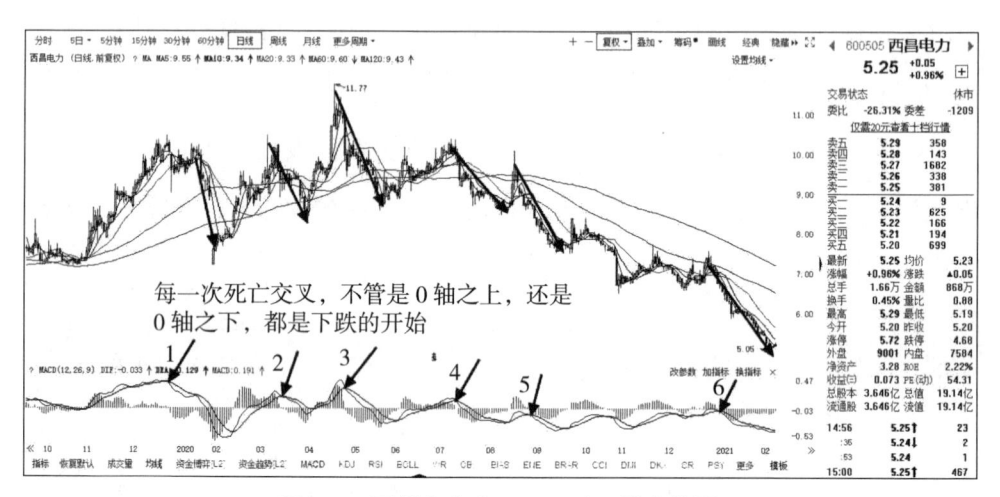

图1-3　西昌电力（600505）K线走势图

三、MACD指标中的能量柱（红绿柱）

MACD指标中，采用DIFF值减DEA值而绘制成的能量柱（红绿柱）图，分别用红色和绿色表示，红柱表示正值，绿柱表示负值。用红绿柱来分析行情，既直观明了又实用可靠。其实战意义如下。

（1）出现红柱，并持续放大，意味着上涨行情开始，投资者可买入股票持股待涨，直至红柱开始缩小，考虑卖出。

（2）出现绿柱，并持续放大，意味着下跌行情开始，投资者宜卖出股票观望。

（3）红柱变绿柱，意味着股价走势由多转空，投资者宜观望。

（4）绿柱变红柱，意味着股价走势由空翻多，投资者宜买入。

如图1-4所示，豫光金铅（600531）的走势图。该股在2020年7月初出现红柱，此后一段时间，红柱不断放大，此时适合买入持股待涨。直到8月4日，该股的红柱缩短，意味着可能出现调整。8月11日，该股的绿柱出现，说明真正的调整即将开始，投资者应毫不犹豫地卖出。

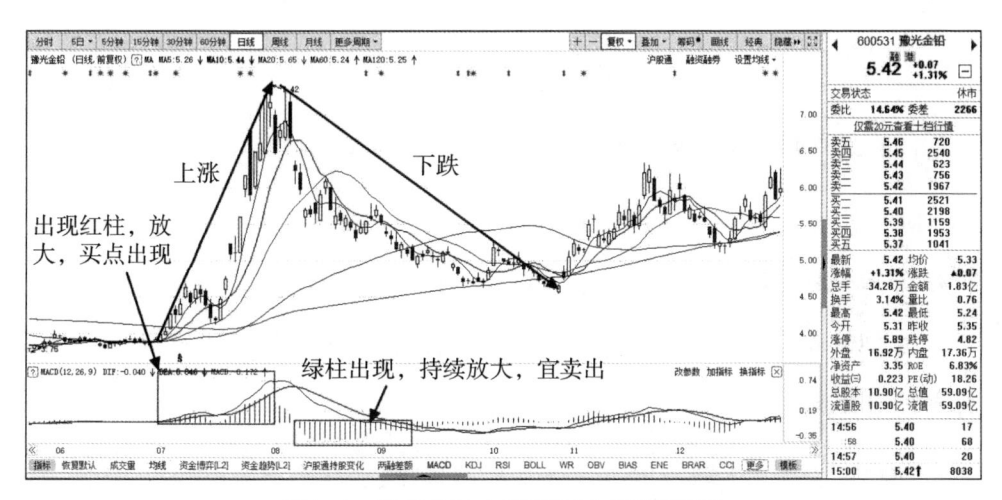

图1-4　豫光金铅（600531）K线走势图

第三节　MACD 指标的核心与功能

MACD指标发出的信号并不都是有效的，只有在特定条件下，其发出的交易信号才具有准确的交易指导作用。

一、MACD指标的四大核心

MACD指标反映了股票价格、时间、空间的相互变化关系。投资者要想利用MACD指标在股市中获利，必须先弄清楚研判MACD指标的四大核心，即交叉、拐点、位置与方向。

1. 交叉：判断买入与卖出

MACD指标中的DIFF与DEA交叉、MACD指标线与0轴线交叉，是MACD指标发出买入或卖出信号的主要形式。

通常情况下，DIFF自上而下与DEA交叉，意味着股价开始由强转弱；反之，则由弱转强。

MACD指标的DIFF和DEA自上而下穿越0轴，说明股价由多变空；反之，则由空转多。

如图1-5所示，苏奥传感（300507）的走势图。该股股价在2020年11月中旬经历了一段振荡调整走势。股价下跌时，MACD指标的DIFF自上而下穿越DEA，说明市场由强转弱。此时DIFF和DEA又相继跌破了0轴，更说明市场开始由空头主导。

其后，该股股价触底反弹，MACD指标也出现上升走势。2021年1月17日，

DIFF自下而上穿越DEA，说明市场开始由弱转强。如果后期MACD指标的快线和慢线先后上穿0轴，说明市场由空方主导变为多方主导，未来上涨可期。

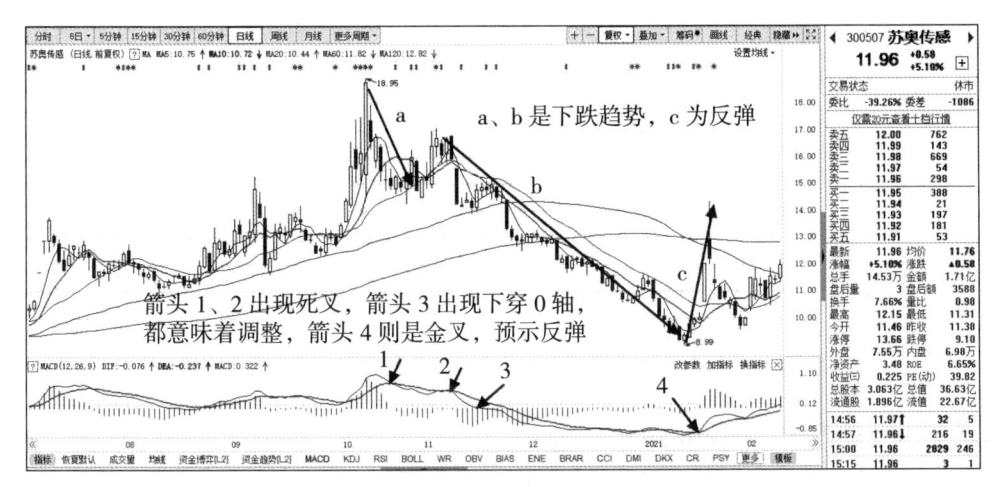

图1-5 苏奥传感（300507）K线走势图

注意：交叉点的距离越大，交叉的含金量也就越大；反之，则越小。如果MACD指标的DIFF和DEA出现频繁交叉，则说明股价处于横向盘整走势或某一固有运行趋势，如下跌趋势或上升趋势。

2. 拐点：多空分界点

MACD指标中，DIFF向右上方倾斜时，说明股价一直呈上涨态势。当DIFF快线出现向下拐头时，说明当时市场上的多头力道不足，未来有下跌的可能。同样，如果一只股票的DIFF线从下向上出现拐头，则意味着买点的形成。有时候也会出现有拐点而不下跌的情况，这时就要结合其他技术指标一起来进行研判。

如图1-6所示，中铁装配（300374）的走势图。该股股价在2020年6月到7月期间出现了一波上涨行情。在股价上涨过程中，MACD指标中的DIFF也随之向右上方倾斜。

2020年7月15日，该股股价大幅下跌，此时DIFF同步拐头向下，形成了一个拐点。这时投资者应保持关注，一旦股价无法重新突破前期高点，就应该迅速卖出。

其后DIFF继续下跌，与DEA形成高位死叉，卖出信号形成，此时投资者应果断卖出该股。

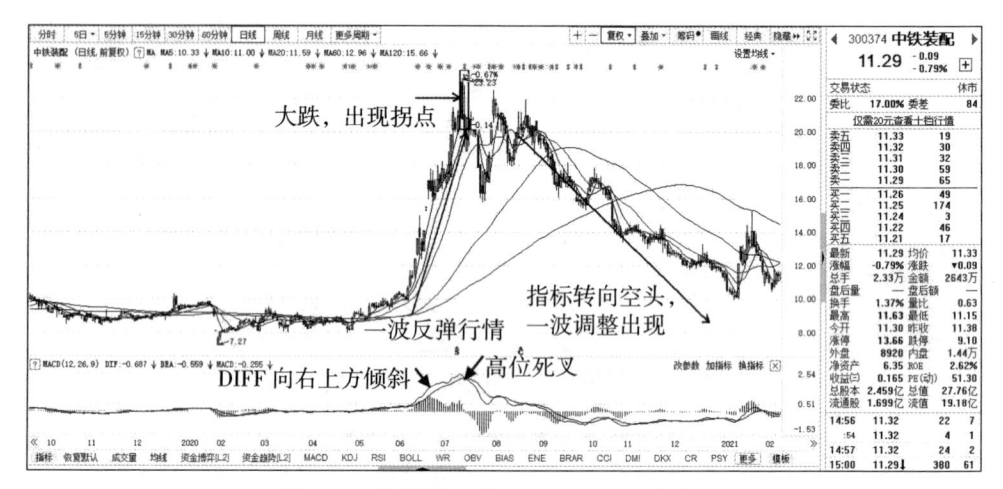

图1-6 中铁装配（300374）K线走势图

3. 位置：位置决定质量

MACD指标中，DIFF自下而上穿越DEA时，如果交叉点位于0轴上方，且与0轴距离较近，那么这个交叉点将是一个成色极高的金叉，看涨的指示作用相当强。

反之，如果DIFF与DEA交叉在0轴上方，且距离0轴较远时，则交叉点的看涨意义不大。此时股价已经处于高位，即使后面又出现一波上涨，也可能走出顶背离形态，即股价创新高，而MACD指标的后一个高点却低于前一个高点。

如图1-7所示，华海药业（600521）的走势图。该股股价在2020年4月到5月期间构筑了一个高位小平台。MACD指标中的DIFF与DEA随后自下而上交叉，交叉点位于0轴上方，且距离0轴较近，这属于典型的黄金交叉，后市看涨。其后，该股股价发动了一波振荡上涨行情。

2020年8月31日，该股股价创出新高，但是MACD指标却出现背离现象，预示着股价见顶，随后股价确实出现了持续下跌。

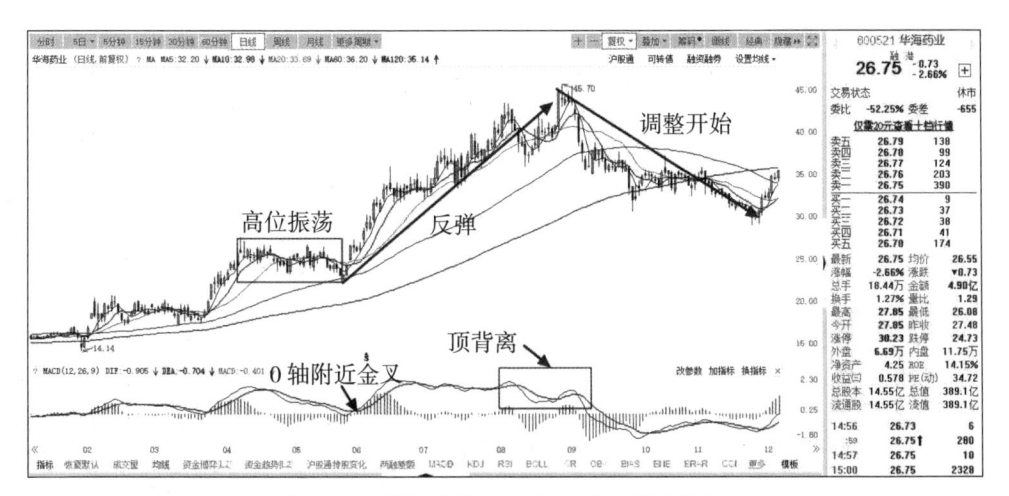

图1-7 华海药业（600521）K线走势图

4. 方向：趋势决定买卖

方向的判断非常容易，MACD指标的运行方向只有右上、右下和横向三个方向。MACD指标向右上方倾斜，说明股价呈上升状态；向右下方倾斜，说明股价呈下降状态；横向移动，说明股价处于振荡盘整走势。

MACD指标属于趋势性指标，因而当其向右上方或右下方倾斜时，表明当前股价的运行趋势是上涨或下跌的。当MACD指标横向移动时，DIFF和DEA可能会出现多次频繁的交叉，此时的交叉没有任何交易指示含义。因此跟随趋势做买卖就显得非常重要。

如图1-8所示，莫高股份（600543）的走势图。该股在2020年8月26日之后出现了一波下跌走势，此时MACD指标同步向右下方倾斜。随后该股股价在底部振荡，MACD指标也呈横向移动态势。振荡期间DIFF与DEA多次交叉，此时该指标发出的交叉信号不具有参考价值。

2020年11月初，莫高股份的股价再度启动上涨，MACD指标同步出现向右上方倾斜的形态，说明股价已经进入上升趋势，投资者可以追涨买入。

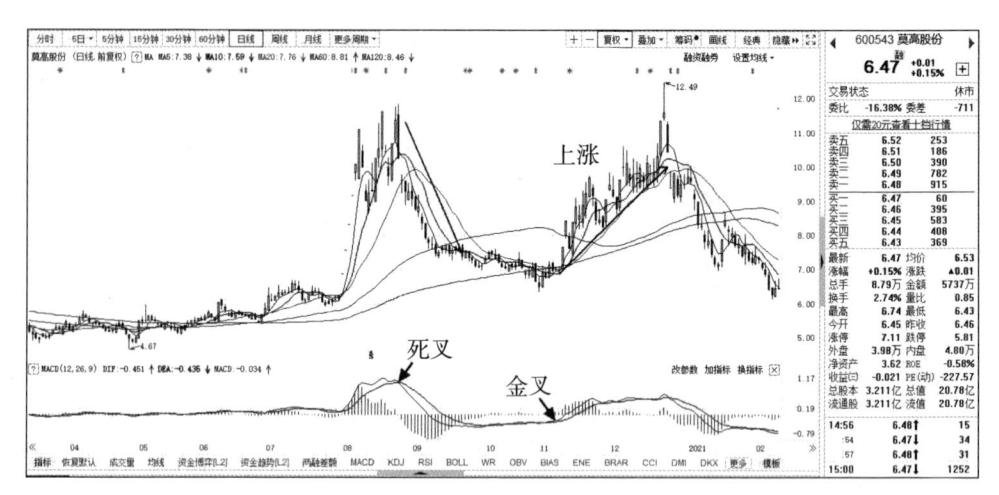

图1-8 莫高股份（600543）K线走势图

二、MACD指标的五大功能

MACD指标有一定的先知先觉的作用，尤其是在市场趋势或者一只股票的走势较为稳定的情况下。具体来说，MACD指标的五大功能如下。

（1）通过日线、周线和月线的MACD指标，我们能判断市场或者股票一天、一周、一个月的走势。

（2）利用MACD指标中DIFF和DEA的位置以及和0轴的关系，包括红绿柱的情况，我们能判断大盘及个股一波行情的长短和转变。

（3）借助MACD指标，可以判断大盘及个股一波下跌行情开始的时间。通常情况下，当一波下跌行情刚开始，MACD指标出现高位钝化、死叉、红柱缩短等情形时，通常都是一波行情可能结束的标志，要引起足够的警惕。

（4）当KDJ指标中的J值发生钝化时，投资者可再观察MACD指标的变化，只要MACD指标的小时、日、周、月指标的红柱继续比之前的增长，投资者就可放心持股；一旦J值钝化，同时MACD指标也出现多翻空的状况，投资者可考虑出局或减仓。

（5）通过MACD指标和0轴的关系以及能否金叉，可以判定一波行情的大小。

注意事项：

（1）MACD指标出现绿柱线时，尤其是在0轴以下，尽可能不要进场。

（2）如果结合周K线的走势来决定进出，成功率会更高。

（3）寻找5日线和10日线在30日线之上金叉的情况，获利的可能性更大。

（4）对于除权（一般是10送5或更多的个股），如果除权之前走出过拉升，除权后不调整不进场。

第四节　MACD 指标的背离

一、背离的定义

背离又称为背驰，是指股票价格或指数在下跌或上涨过程中不断创新低（高），而一些技术指标却不跟随创新高（低）的现象。

二、背离的交易含义

背离是指价格或者指数虽然仍然在上涨或者下跌，但其上涨或者下跌的动力已经严重不足，趋势很快就会发生改变。

三、背离的分类

（1）按指标分，可分为MACD指标背离、KDJ指标背离、RSI指标背离、成交量背离等。

（2）按趋势分，可分为顶背离和底背离。

（3）按周期分，可分为日线背离、周线背离等。

下面重点讲解MACD指标的背离，也是最常见和最常用的背离。

四、MACD指标背离的几种形态

1. MACD指标顶背离

（1）柱状背离。当股价K线图上的走势一峰比一峰高，股价一直在向上涨，而MACD指标图形上由红柱构成的图形走势则一天比一天低，即当股价的高点比前一次的高点高，而MACD指标的高点比前一次的高点低，就叫作柱状线的顶背离。

如图1-9所示，光明乳业（600597）的走势图。该股在2020年8月5日红柱达到峰值，但是股价并没有创新高。随后的2020年9月2日，股价创新

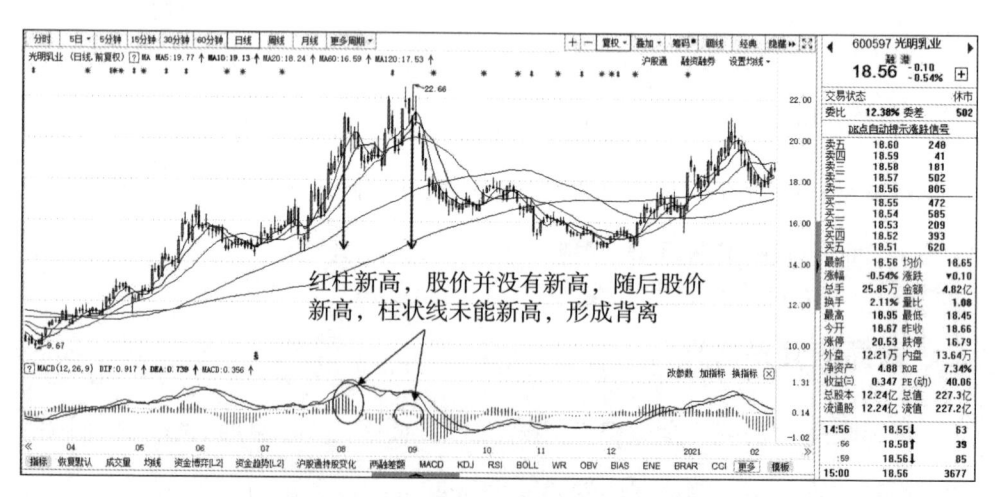

图1-9 光明乳业（600597）K线走势图

高，但是红柱却没能创新高，这就形成了一个柱状线的顶背离。

（2）线背离。当股价K线图上的走势一峰比一峰高，股价一直在向上涨，而MACD指标图形上DIFF、DEA线的走势一天比一天低，则为MACD线背离。

如图1-10所示，克劳斯（600579）的走势图。该股的MACD指标在2020年8月18日达到峰值，但是股价并没有创新高，随后MACD指标下行，股价在2020年9月16日创下新高，形成MACD线顶背离。

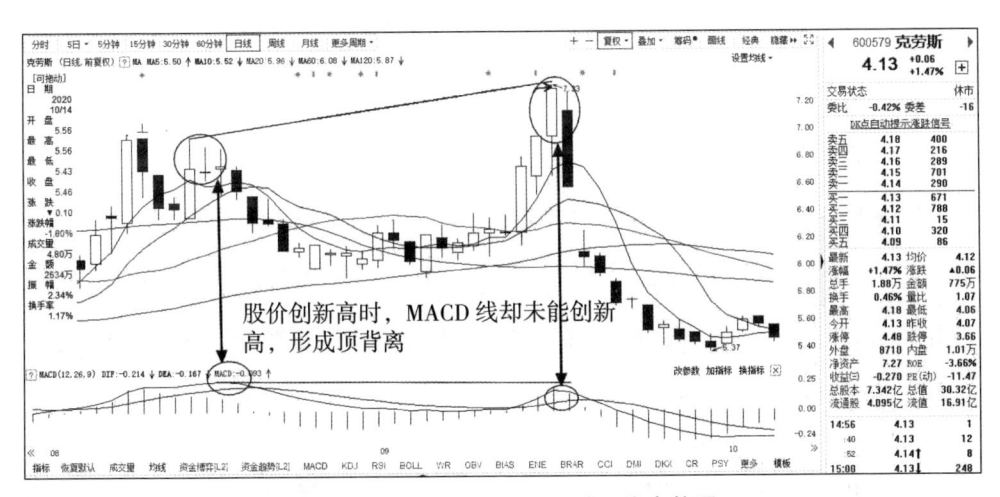

图1-10 克劳斯（600579）K线走势图

顶背离现象一般是股价在高位即将反转的信号，表明股价短期内即将下跌，是卖出股票的信号。

（3）柱、线双背离：一般情况下，柱、线同时背离，股价后期反转走低的概率和强度更高。

如图1-11所示，青岛啤酒（600600）的走势图。该股在2020年12月5日和2021年1月7日之间出现了柱、线双双顶背离的现象，说明该股股价短期反转下跌的概率较大。

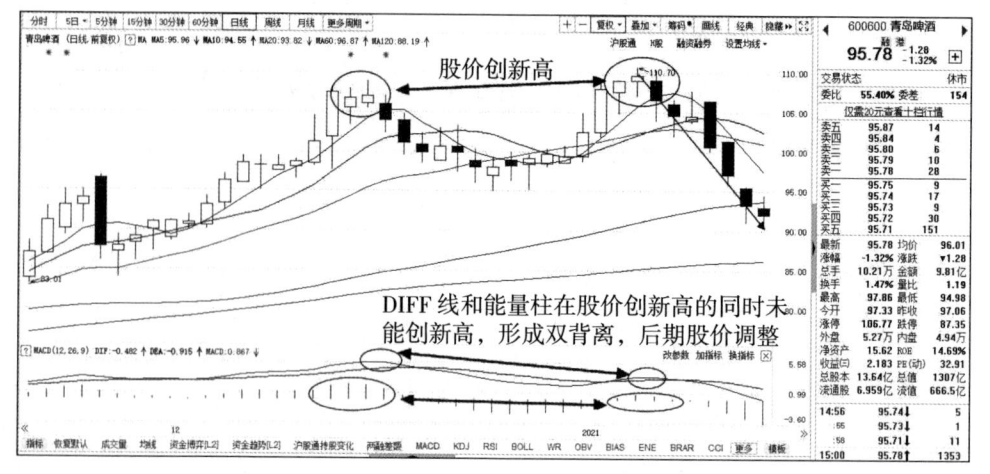

[图片:青岛啤酒K线走势图,标注"股价创新高"及"DIFF线和能量柱在股价创新高的同时未能创新高,形成双背离,后期股价调整"]

图1-11　青岛啤酒（600600）K线走势图

在实战操作中，顶背离往往会被主力作为陷阱来使用。

如图1-12所示，五粮液（000858）的走势图。该股在2020年7月14日和15日分别出现线、柱背离的高点，一直到2020年12月31日，在股价不断创新高的同时，其顶背离一直存在。如果此时我们只按照一个指标来研判顶背离，就可能失守一只大牛股。

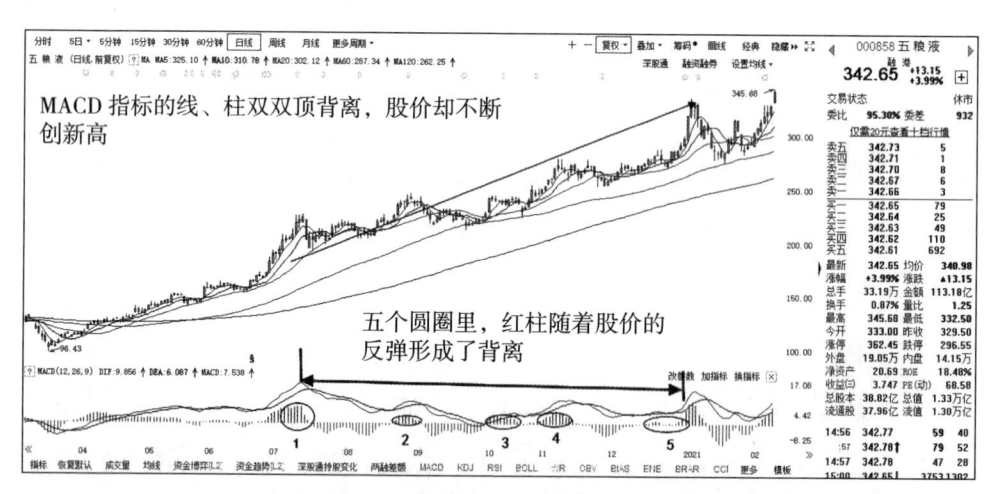

[图片:五粮液K线走势图,标注"MACD指标的线、柱双双顶背离,股价却不断创新高"及"五个圆圈里,红柱随着股价的反弹形成了背离"]

图1-12　五粮液（000858）K线走势图

对于主力借助顶背离布下的陷阱，投资者可以采取以下策略。

(1)结合均线。仍以图1-12的五粮液为例,出现顶背离的时候,如果均线对于其价格的回调有重要的回调支撑作用,表示下面的多方力量比较强大。股价如果轻松击穿支撑位,可以果断逢高卖出。

(2)结合成交量。出现顶背离的时候,成交量没有缩量,资金还在进入,暂时等待。如果出现缩量上涨的时候,则表示股价见顶。放巨量上涨的,多方有出货的嫌疑,投资者要注意保护利润。

(3)结合其他指标。可以通过布林线、EXPMA等中长期指标进行印证。

2. MACD指标底背离

和顶背离一样,MACD指标的底背离同样也有线背离和柱背离两种形态。底背离一般出现在股价的低位区。当K线图上的股价走势还在下跌,而MACD指标图形上由绿柱构成的图形走势是一底比一底高,即当股价的低点比前一次低点低,而指标的低点却比前一次的低点高,就叫作底背离。

底背离一般是预示股价在低位可能反转向上的信号,如果此时出现DIFF两次由下向上穿过DEA,形成两次黄金交叉,则股价即将大幅度上涨,是短期买入股票的信号。

如图1-13所示,招商积余(001914)的走势图。该股在2020年9月16日MACD指标出现最低点,此后指标不断上行,但是股价再创新低。2021年1月5日MACD指标出现低位金叉,买点出现,随后几天股价出现上涨走势。

主力会利用底背离来设置陷阱,投资者可以通过以下做法避免落入陷阱。

(1)分批建仓。任何技术指标或者分析方法都不可能达到100%准确,因此,当出现第一次底背离的时候,可以先介入三分之一仓位,如果确认背

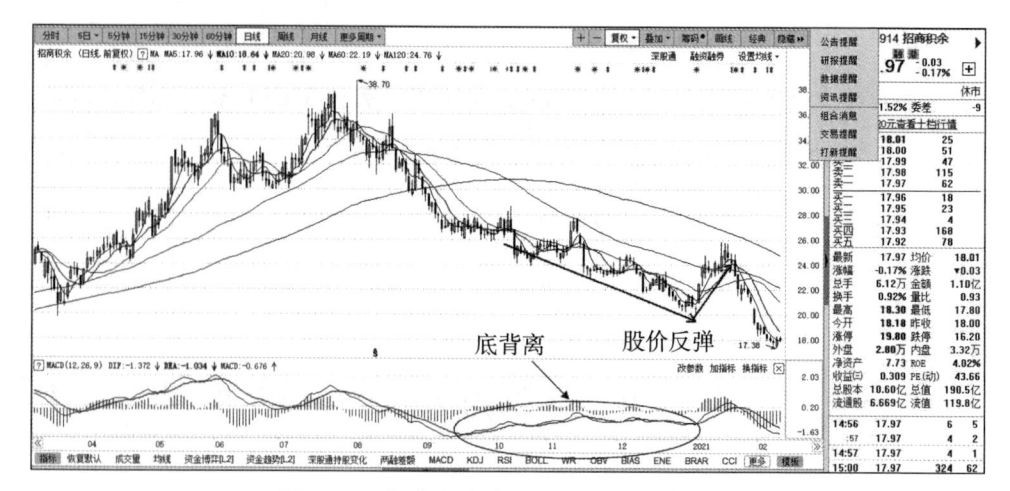

图1-13 招商积余（001914）K线走势图

离有效，行情拉升，再全部买入也不晚；如果股价低点之后还有低点，还有背离，那么就等最后一次背离出现后再介入，以免套牢。

（2）把分析周期放大一个级别，日线周期的底背离在周线级别的周期里并不一定会有背离。因为MACD是一个趋势指标，在大周期上用来判断趋势比较有参考价值，但是很多人并没有理解使用规则，或者说比较急功近利，而套用在小周期上。如果大周期和小周期都能出现底背离，那么信号的可靠性会更高。

3. 一种特殊的顶背离形态——隔山顶背离

如图1-14所示，在股价走势中，中间形成的高点，类似于山顶，左右两个次高点，中间隔着一座山顶。前提条件是左边的半山腰与右边的半山腰差不多在一个水平位置上，左边对应的是MACD指标红柱，右边对应出现MACD指标绿柱，这样的形态就称为"隔山顶背离"。此背离右边的反弹高点是最后的逃命点，随后股价将会产生"凶狠"的C浪下跌。

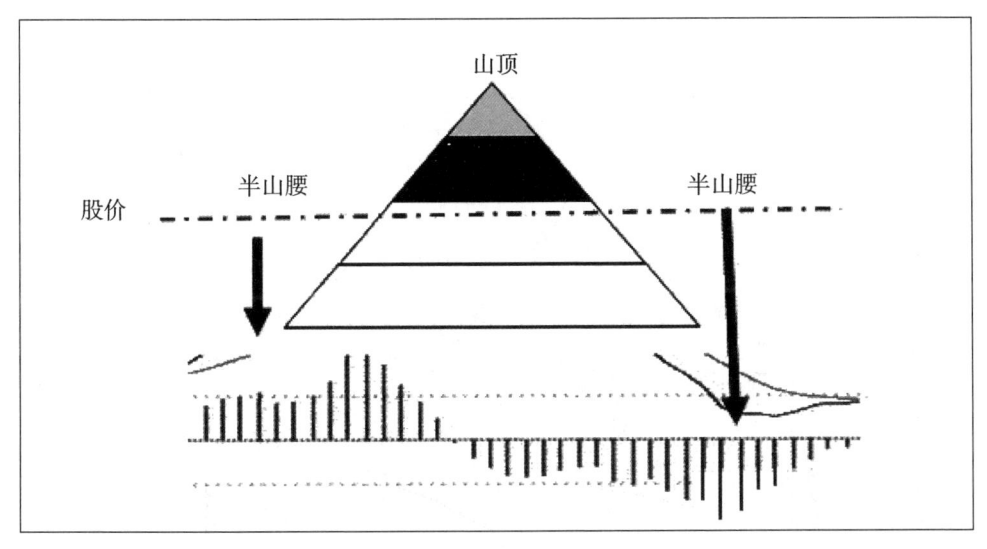

图1-14 隔山顶背离形态

如图1-15所示，翔港科技（603499）的走势图。该股在2020年6月17日和9月9日出现了隔山顶背离的现象，随后股价确实出现了一波大跌。

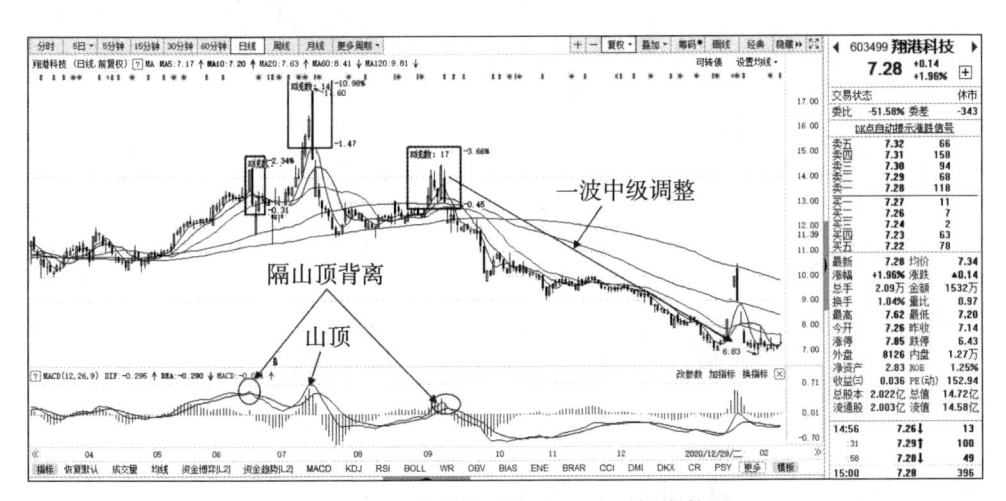

图1-15 翔港科技（603499）K线走势图

在实战中，该形态的研判技巧主要有以下三点。

（1）观察是否有股价顶部的形成。

（2）观察顶部两侧的左右次高点是否出现，并在同一水平位置。

（3）关注MACD指标中红柱与绿柱的对应情况。

4. 一种特殊的底背离形态——隔谷底背离

隔着股价最低点这个"谷"，左右两边出现了股价的次低点，右边的次低点较左边的次低点低，而绿柱却较左边的短（或者出现红柱或红柱较左边的长），这样隔着中间的最低点（谷），两边的次低点就形成了"底背离"。这种底背离形态预示股价将出现一波上涨。

如图1-16所示，ST中孚（600595）的走势图。2020年4月30日和2020年6月16日的股价次低点，借助2020年5月21日的股价低点形成了隔谷底背离。随后买点出现，股价走出了一波上涨行情。

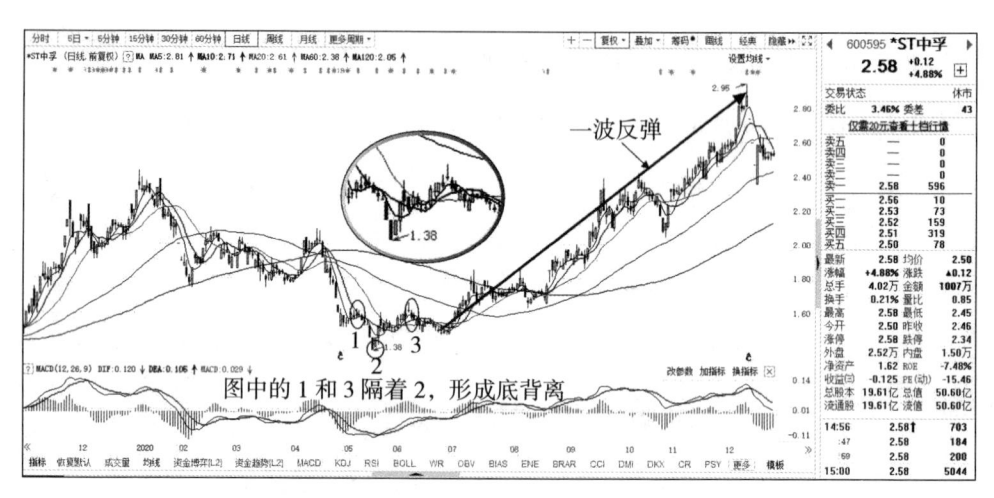

图1-16　ST中孚（600595）K线走势图

五、MACD指标背离的注意事项

（1）一般情况下，股价在高价位时，通常只要出现一次背离形态即可确认为股价即将反转，而股价在低位时，一般要反复出现几次背离后才能确认。背离形态可以形成在每一个时间周期，都可以操作，只是行情的长短不一样而已。

（2）在利用背离来判断股价走势时，最好再通过均线、成交量、K线或者其他指标进行验证，得到的结果才比较可靠。大周期的形态由比它小的周期的形态堆积而成，但小周期的形态要先于大周期形成，出入场要找小周期。

（3）注意识别假背离。

假背离通常具有以下特征。

①某一时间周期背离，其他时间周期并不背离，比如日线出现背离，而周线或月线图并不背离。

②没有进入指标高位区域就出现背离。我们所说的用背离确定顶部和底部，技术指标在高于80或低于20形成背离比较有效，最好是经过了一段时间的钝化。而在20~80之间，往往是强市调整的特点，而不是背离，后市很可能继续上涨或下跌。

③某一指标背离而其他指标并没有背离。各种技术指标在背离的时候往往由于其指标设计上的不同，背离时间也不同。在背离的时候，KDJ指标最为敏感，RSI指标次之，MACD指标最弱。单一指标背离的指导意义不强，若各种指标都出现背离，这时股价见顶和见底的可能性较大。

第五节　MACD 指标的四个区域

一、区域的划分

按照股票价格的强弱区域划分，MACD指标也可以分为四个区域。

如图1-17所示，以美克家居（600337）的走势图为例，图中画出了四个区域，分别标注为1区、2区、3区和4区。

其中1区是强势区：DIFF＞DEA，为最强势上涨行情，通常是上涨趋势的加速阶段。

2区是次强势区：DIFF＜DEA，为上涨趋势中的调整阶段。

3区为强弱势区：DIFF＜DEA，为下跌趋势中的加速下跌阶段。

4区为次弱势区：DIFF＞DEA，为下跌趋势的反弹阶段。

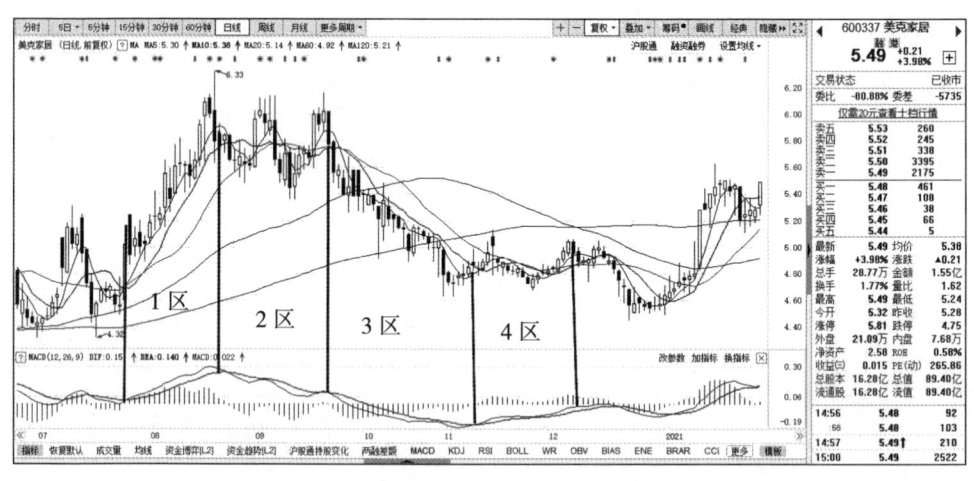

图1-17　美克家居（600337）K线走势图

二、四大区域的实战意义

从左到右看，1区是强势区金叉阶段，是一个明显的拉升做多形态。投资者应该一直持有底仓不动，但可以保留部分机动资金，下跌就加仓，上涨就减仓，但底仓不要轻易卖出去，因为在拉升阶段，筹码一旦卖掉，可能就买不回来了。

2区是强势区死叉阶段，这个阶段是上涨趋势中的调整。投资者的操作思路是既可以逢高减仓，下跌就买回来，振荡思维操作；也可以持股不动，等待下一个反弹机会出现。

3区是一个弱势区死叉阶段，股价加速下跌，这个阶段投资者应该是空仓的。

4区是一个弱势区金叉阶段，股价处于弱势区反弹。这个阶段投资者是可以参与的，思路就是逢低买入，逢高减仓，振荡思维操作，或者也可以持币观望。

三、实战技巧

处于1区的股票，需要投资者大胆持股，甚至是加仓买入，不要轻易卖出，但也得随时观察其他指标有没有做头迹象，做好准备卖出的思想准备（因为加速上涨就是在赶顶了）。

处于2区的个股，最适合投资者做高抛低吸的操作，也可以持股不动。

处于3区的个股，投资者要毫不犹豫地清仓出局。

处于4区的个股，投资者要当作是反弹对待，大跌买入，上涨卖出。

如图1-18所示，嘉城国际（603535）的走势图。我们同样给该股标注出四个区域，分别是1区、2区、3区和4区。在1区投资者可以大胆持股待涨；在2区投资者可以持股，也可以做高抛低吸；在3区投资者要毫不犹豫地出局；在4区投资者可以做小波段的反弹。而对应的四个区也是1区是强势区：DIFF＞DEA；2区是次强势区：DIFF＜DEA；3区为强弱势区：DIFF＜DEA；4区为次弱势区：DIFF＞DEA。

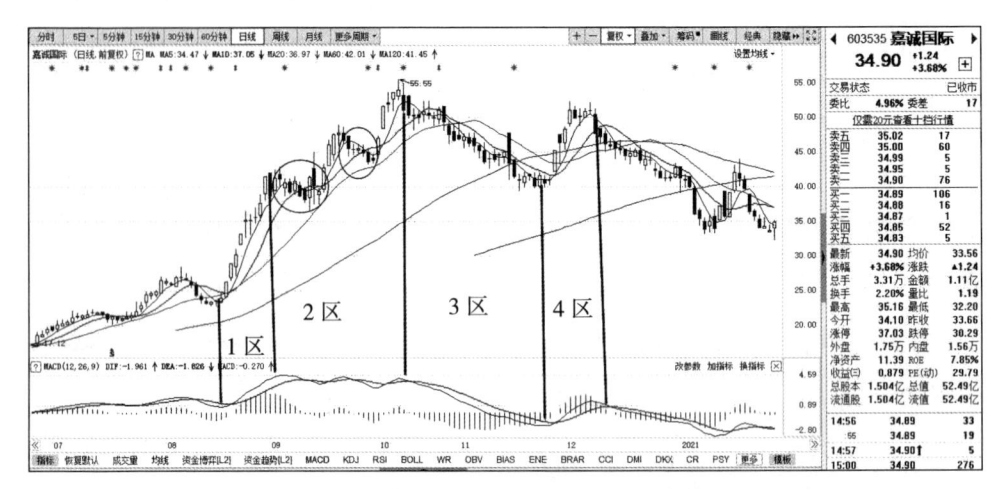

图1-18 嘉城国际（603535）K线走势图

第二章

MACD 指标的三大辅助工具

第一节　认识能量柱（红绿柱）和0轴

一、MACD指标的能量柱

MACD指标的能量柱（红绿柱）表示的是DIFF与DEA之间的距离。

当DIFF与DEA的差值为正时为红柱，当MACD指标出现红柱时，表示市场将展开一波多头行情，是买入信号，在红柱不断拉升的情况下，股价会连续创出新高。

当DIFF与DEA的差值为负时为绿柱，当MACD指标出现绿柱时，表示市场将展开一波空头行情，是卖出信号，在绿柱不断拉升的情况下，股价会连续创出新低。

二、MACD指标的0轴线

（1）MACD指标中的0轴线就是其能量柱（红绿柱）的分界点。

当股价处于强势时，MACD指标表现为红柱线，某一天MACD指标由强变弱时，原来的红柱线就会慢慢缩短，直到有一天红线消失并跌破0轴线之下，变成了绿柱线。

（2）当MACD指标向上突破0轴线，表示个股的股价或者指数处于多头市场，趋势向上，这时应该全力做多。

（3）当MACD指标向下跌破0轴线，表示个股的股价或者指数处于空头市场，趋势向下，这时应该尽可能地做空。

（4）0轴是多空分界线。这个原则在MACD系统中显得很重要。我们通常可以认为，当双线在0轴之下，基本可以认为是空头行情，反之则是多头行情。

三、MACD指标能量柱（红绿柱）解读

（1）对于MACD指标中的能量柱来说，由绿变红意味着做多的开始，其红柱越长，做多的动能越强。

（2）在红柱当中，一旦红柱开始缩短，意味着做多的动能减弱；当红柱消失开始出现绿柱时，意味着超级空头行情可能来临，应尽可能做空。

（3）在绿柱当中，当绿柱开始缩短，说明空头力量开始衰竭，一旦出现红柱，可以考虑做多。

如图2-1所示，沃森生物（300142）的走势图。图中箭头1指示的是红色能量柱，该能量柱经历了由短变长和由长变短的过程，对应上面的股价也是经历了涨跌的过程；箭头2指示的是绿色能量柱，该能量柱经历了短—长—短的过程，对应上面的股价也是经历了从调整到企稳。

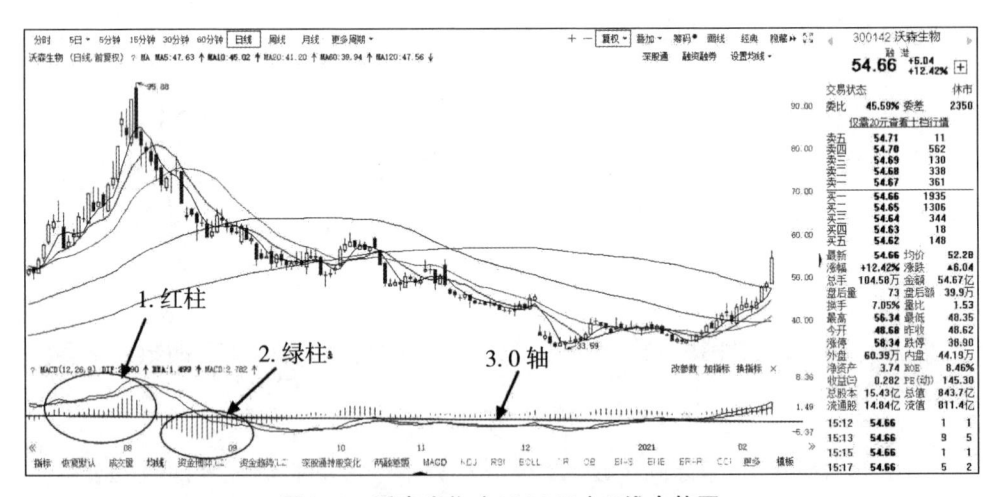

图2-1 沃森生物（300142）K线走势图

第二节 认识 DIFF

一、DIFF的形态和指导意义

在MACD指标的两条线里，DIFF指的是DIFF线（Difference），也称为快线，是收盘价短期、长期指数平滑移动平均线间的差。

DIFF因其所处的位置和倾斜方向不同，发出的交易指示含义也有所区别。

（1）DIFF位于0轴上方，说明多方占据优势地位。若此时DIFF向右上方运动，则说明股价继续上涨的概率大。

（2）DIFF位于0轴上方，若此时DIFF向右下方运动，说明多方虽仍占据优势地位，但力量已经有所减弱，未来有可能会出现多空转换。

如图2-2所示，以上证指数为例。图中箭头所指就是DIFF线，当其在0轴上方向右下方运动的时候，说明市场已经出现调整的趋势。

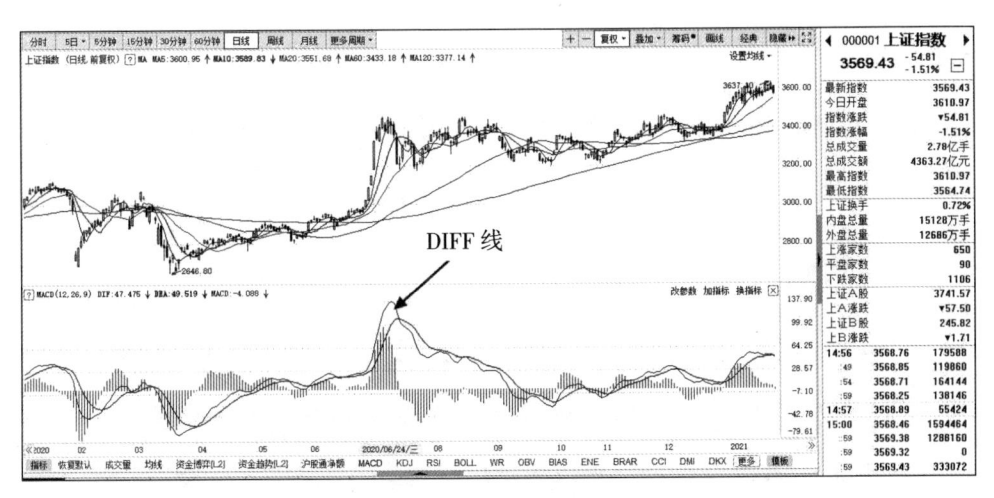

图2-2　上证指数（000001）走势图

（3）DIFF位于0轴下方，说明空方占据优势。若此时DIFF向右下方运动，则说明股价继续下跌的概率大。

（4）DIFF位于0轴下方，若此时DIFF向右上方运动，说明空方虽仍占据优势地位，但力量已经有所减弱，投资者可考虑少量建仓。

如图2-3所示，以B股指数（000003）为例。图中箭头所指的DIFF线均在0轴之下。

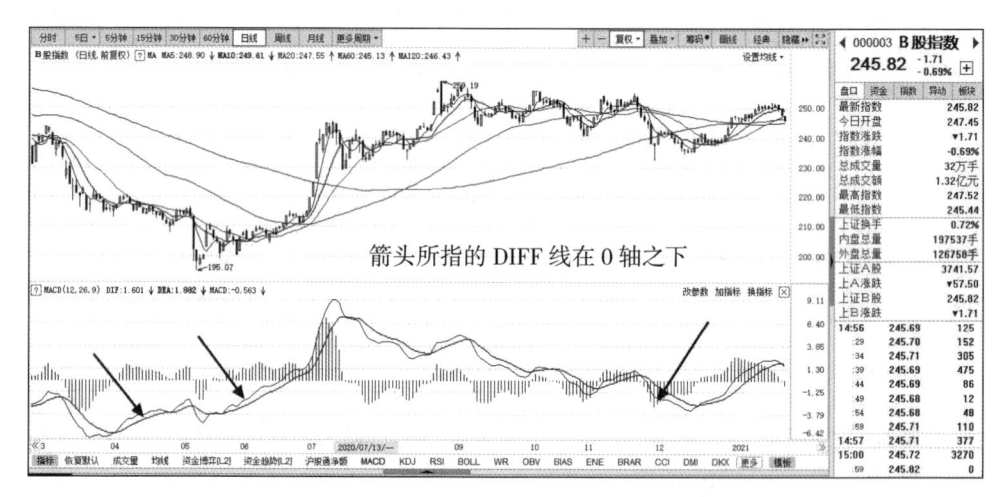

图2-3　B股指数（000003）走势图

二、DIFF线拐头

DIFF线拐头代表多空力量消长。DIFF拐头的方式主要分为自上向下拐头和自下向上拐头。

1. 自上向下拐头

DIFF由向右上方倾斜转为向右下方倾斜，即出现自上而下的拐头走势时，说明多方力量有所不足，空方力量开始增长。若拐头出现时，DIFF仍位于0轴上方，此时多头仍占据主导地位，投资者可选择继续观望或部分出货；若拐头出现时，DIFF快线位于0轴下方，则说明此时空头占据主导地位，投资者应清仓。

2. 自下向上拐头

DIFF由向右下方倾斜转为向右上方倾斜，即出现自下而上的拐头走势时，说明空方力量有所不足，多方力量开始增长。若拐头出现时，DIFF仍位于0轴下方，说明此时空头仍占据主导地位，投资者可少量建仓；若拐头出现时，DIFF位于0轴上方，则说明此时多头占据主导地位，投资者应考虑提升仓位。

如图2-4所示，以50基本（000052）为例。图中光头箭头表示的是DIFF向上拐头，带圆点的箭头表示的是DIFF向下拐头，与之对应的是股价的上涨或下跌。

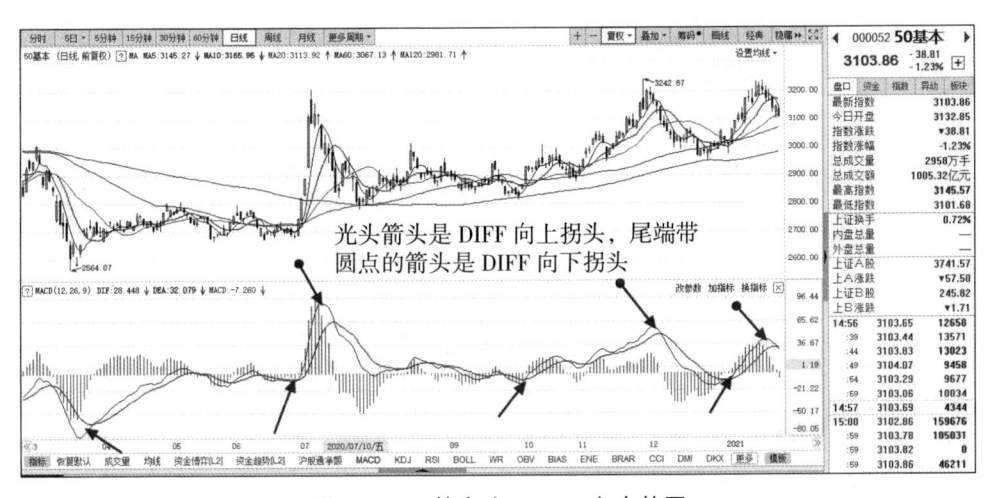

图2-4　50基本（000052）走势图

三、DIFF穿越0轴

0轴是一条多空力量强弱的分界线，DIFF每次穿越0轴，都意味着多空力量的转变。DIFF穿越0轴的方式，主要分为自上而下跌破和自下而上穿越两种。

1. 自上而下跌破0轴

DIFF自上而下跌破0轴，说明多空力量发生了转换，市场由多头主导变成了空头主导。如果DIFF长期在0轴上方运行，一旦在某一时刻跌破0轴，则看跌的交易指示作用更强，投资者可考虑清仓。

2. 自下而上穿越0轴

DIFF自下而上穿越0轴，同样说明多空力量发生了转换，市场由空头主导变成了多头主导。如果DIFF长期在0轴下方运行，一旦在某一时刻向上突破0轴，则看涨的交易指示作用更强，投资者可考虑加大仓位。

如图2-5所示，皖通科技（002331）的走势图。图中三个方框内显示的是DIFF上穿0轴线，四个圆圈内显示的是DIFF下穿0轴线，箭头所指为0轴。

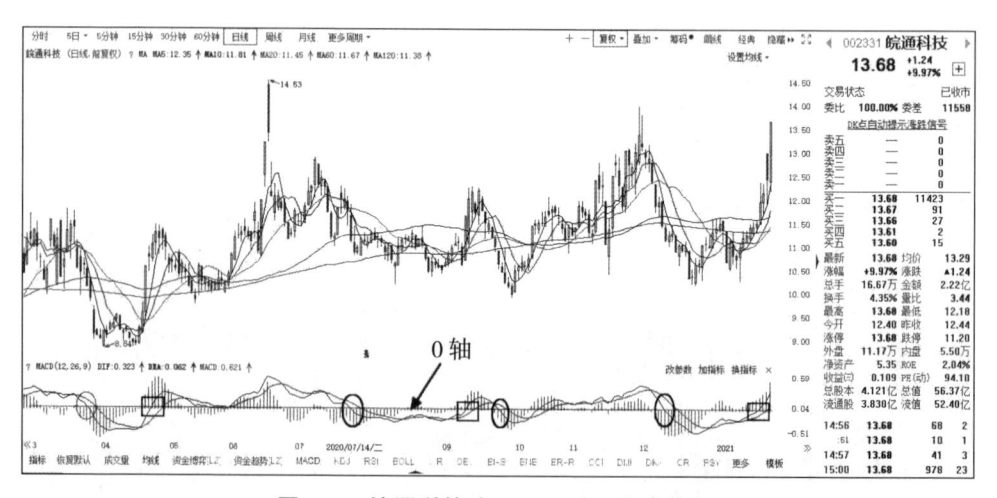

图2-5 皖通科技（002331）K线走势图

第三节　认识DEA

一、DEA的形态和指导意义

在构成MACD指标的两条线里，DEA指DEA线（Difference Exponential Average），也称为慢线，即DIFF线的M日指数平滑移动平均线。

DEA从本质上来说是DIFF的一条均线，其发出的交易指示更多的是对DIFF指示信号的一种强化。也就是说，DEA无法独自发出交易信号，只有和DIFF组合才能显示出自己的价值。

二、DEA的作用

在和DIFF配合使用的时候，DEA发挥的作用包括以下两个方面。

一是对DIFF发出的交易信号进行强化，即DIFF出现穿越0轴或者拐头等形态，发出买入或卖出交易信号时，如果随后能够得到DEA的确认，则可以增强DIFF发出的交易信号的准确性。

另一方面则是透视多空力量的变化。

如图2-6所示，西部矿业（601168）的走势图。该股在2020年6月30日和10月28日均出现了DIFF上穿0轴和向上拐头的迹象（箭头1、2），随后DEA金叉DIFF线，对做多形态进一步确认，发出做多的交易信号。10月28日到11月28日之间的一个月内，该股的DIFF位于DEA上方，此时多方占据一定的优势。DIFF与DEA的距离越大，说明多方优势越大，表现为股价的上涨（椭圆1）。而自12月2日到12月31日之间，该股的DIFF位于DEA下方，此时空方占据一定的优势，DIFF与DEA的距离不断加大，说明空方优势越大，表现为股价的下跌（椭圆2）。

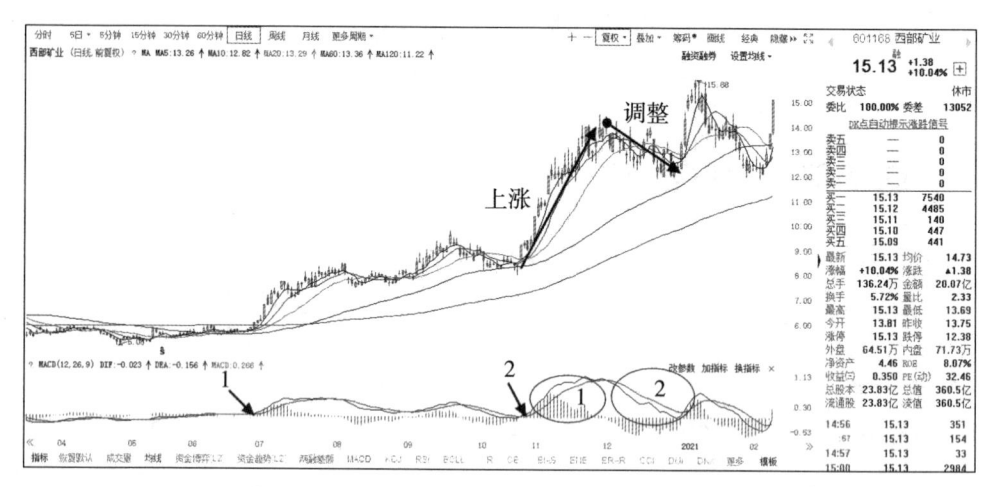

图2-6　西部矿业（601168）K线走势图

第四节　DIFF 和 DEA 之间的三种关系

在研究DIFF和DEA之间的关系时，我们将其归纳为以下三种：穿越、交叉、黏合和发散。

一、穿越

实战证明，在MACD指标的两条指标线里，DEA的移动速度滞后于DIFF，因而当DIFF穿越0轴后，DEA慢线才会穿越。当DEA穿越0轴时，DIFF仍旧保持其穿越前的运行速度和方向，则DEA的穿越就是对DIFF发出的交易信号的增强。

当DEA穿越0轴时，DIFF如果改变了其穿越前的运动方向，则说明

DIFF未来运动趋势不明，投资者宜观望。

1. 自上而下跌破0轴

DIFF自上而下跌破0轴，如果随后DEA慢线也向下穿越0轴，且DIFF继续向右下方倾斜，则可强化卖出信号的可靠性，投资者宜考虑清空仓位。

如图2-7所示，雷科防务（002413）的走势图。2020年8月12日前后，该股出现了一波快速下跌行情。MACD指标也随之不断走低，DIFF快线自高位向下运行，并于2020年8月24日率先跌破0轴，说明该股已经完全处于空头主导状态。

此后的9月2日，DEA也跌破了0轴，更加说明市场的弱势，投资者宜清空手中的股票。

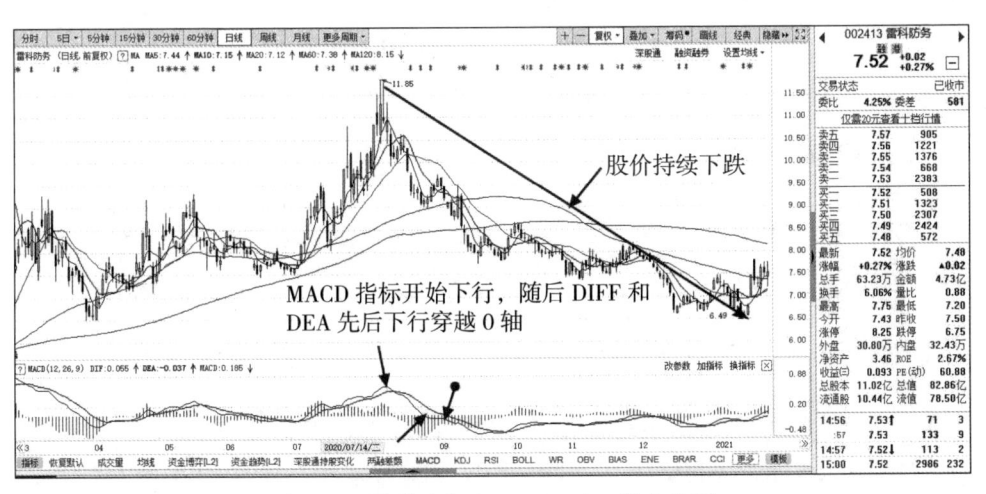

图2-7 雷科防务（002413）K线走势图

投资者可以观察到，当DEA跌破0轴时，股价下跌幅度已经比较大了。因此在很多情况下，DEA穿越0轴只能作为最后一次清仓的参考指标。投资者在DIFF指标拐头向下，与DEA形成死叉以及穿越0轴时，就应该做出相应的减仓操作。

如图2-8所示，中房股份（600890）（已退市）的走势图。该股在2020年3月和11月均出现了MACD指标下行、DIFF和DEA下穿0轴的情况，最终结果都是股价短期或中期出现了大跌的走势。

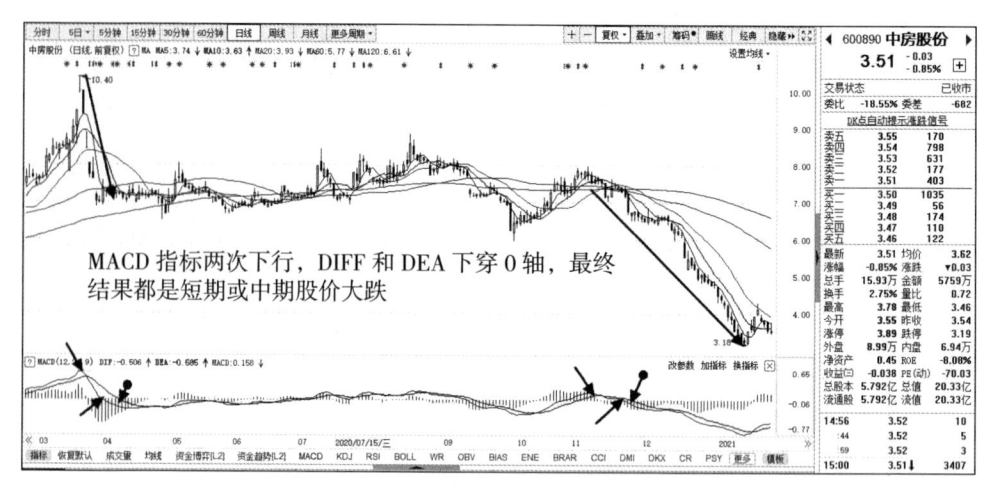

图2-8 中房股份（600890）K线走势图

2. 自下而上穿越0轴

DIFF自下而上穿越0轴，如果随后DEA也向上穿越0轴，且DIFF继续向右上方倾斜，则可强化买入信号的可靠性，投资者可以考虑加大仓位。

如图2-9所示，石大胜华（603026）（现名胜华新材）的走势图。2020年6月末，该股股价随着大盘指数的回暖出现了一波快速振荡上涨行情，MACD指标也随之不断走高，DIFF自低位向上运行，并于2020年7月7日率先向上突破了0轴，说明市场已经完全处于多头主导状态。

此后的7月9日，DEA也向上突破了0轴，更加说明市场的强势，投资者宜加仓买入该股。

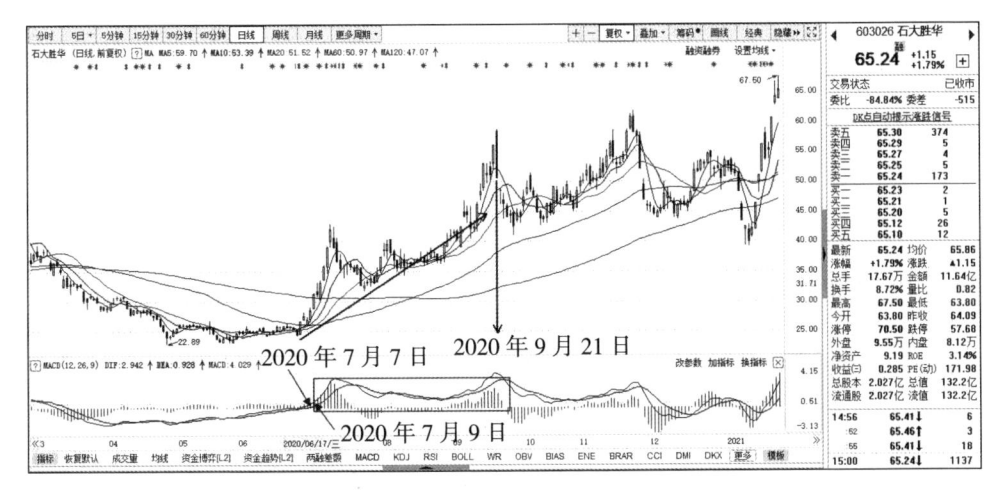

图2-9 石大胜华（603026）K线走势图

投资者可以观察到，DIFF向上突破0轴后，如果DIFF并没有加快向上运行的迹象，则一定要等到DEA向上突破0轴后再买入股票，以避免可能遇到的风险。

如图2-10所示，宜宾纸业（600793）的走势图。该股的DIFF线和DEA线先后在2021年1月8日和12日上穿0轴，随后该股开启了一波波澜壮阔的暴涨行情。

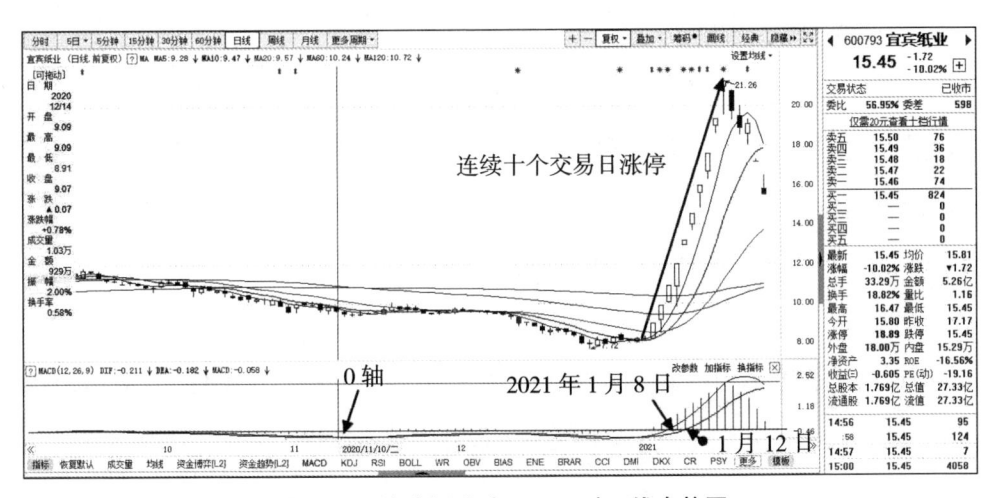

图2-10 宜宾纸业（600793）K线走势图

二、交叉

DIFF与DEA出现交叉，通常是DIFF不再按照原来的方向运行，并出现拐头迹象时，交叉是对其新的运行路线最好的确认。

例如，当DIFF向右上方运行一段时间后，如果出现拐头向下走势，且与DEA出现死叉的迹象，表示对下跌态势的确认，这也说明未来DIFF将持续向下运行，股价将走出一波下跌走势。

DIFF与DEA交叉的方式主要包括两种，一是自上而下的交叉，二是自下而上的交叉。

1. 自上而下交叉——死叉

在股价上涨过程中，DIFF和DEA也会随股价不断地向右上方倾斜，这是一种比较好的做多状态。

股价上涨到一定位置时，DIFF会先一步出现拐头向下迹象，此时DEA往往还会继续向右上方缓慢移动，这时谨慎的投资者可选择少量出货，以确保资金安全。

其后，DIFF若继续向下移动，与DEA出现死叉，说明股价下跌以及DIFF向下运行的态势得到了确认，投资者宜卖出全部或大部分股票。

如图2-11所示，永吉股份（603058）的走势图。2020年上半年，该股股价自3月17日启动，到7月8日创新高，股价翻番，随后终于露出疲态，以下跌2.80%报收。同日DIFF也出现拐头向下的走势，但DEA仍旧向上缓慢运行，投资者可于当日卖出部分股票。

2020年7月15日，该股的DIFF向下与DEA交叉，说明该股将转为跌势，投资者最好清空手中的股票。若不清仓，到2021年1月14日则是腰斩。

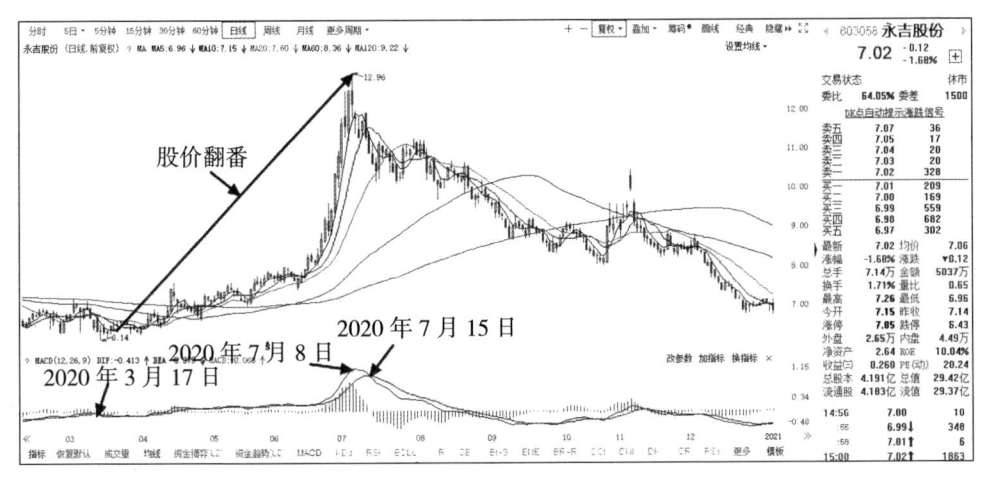

图2-11　永吉股份（603058）K线走势图

如图2-12所示，浩丰科技（300419）的走势图。该股在2020年10月30日出现了DIFF线向下拐头的走势。11月3日，该股的DIFF线下行死叉DEA线，说明该股跌势确立，此时如果不及时出局，将会是很危险的。

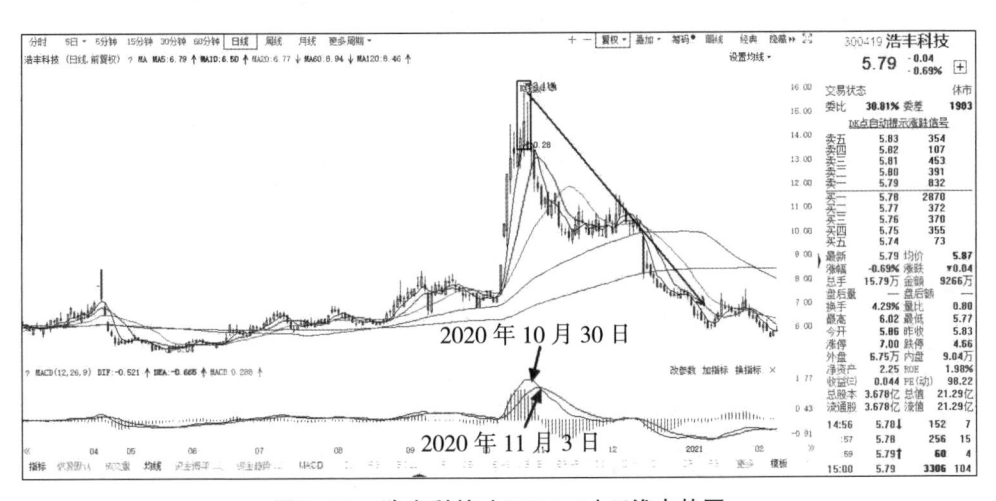

图2-12　浩丰科技（300419）K线走势图

2. 自下而上交叉——金叉

在股价下跌过程中，DIFF和DEA也会随之不断地向右下方倾斜，这是一种比较正常的状态。

股价下跌到底部位置时，DIFF会率先出现拐头向上的迹象，此时DEA慢线往往还会继续向右下方缓慢移动，这时投资者可以选择少量建仓。

其后，DIFF若继续向上移动，与DEA交叉，说明股价上涨以及DIFF向上运行的态势得到了确认，投资者可以考虑买入股票。

如图2-13所示，青岛中程（300208）的走势图。该股股价在2020年8月28日之前走出了一波筑底走势，随后继续筑底，8月28日出现上穿形态。9月10日再度确认该股的DIFF向上与DEA交叉，这说明该股将转为涨势，投资者可以考虑买入该股，随后该股短期确实走出一波不错的行情。

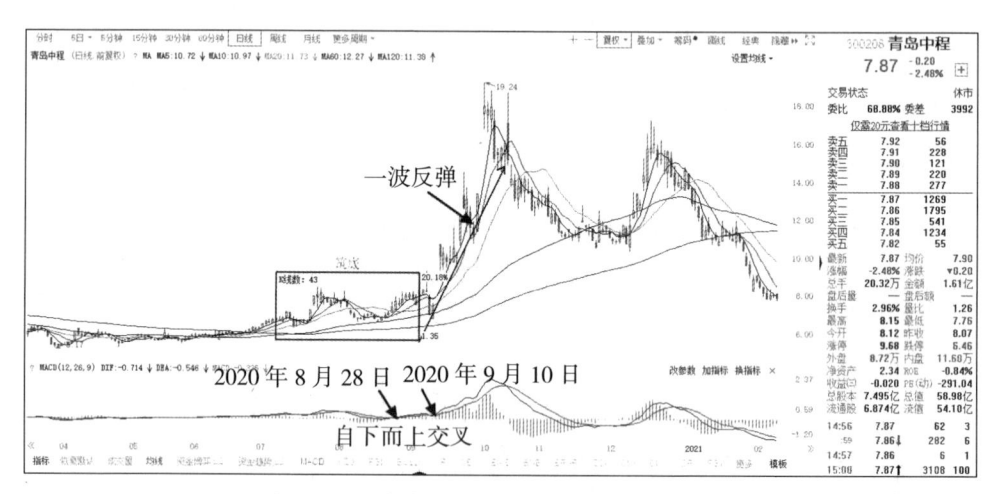

图2-13 青岛中程（300208）K线走势图

如图2-14所示，宣亚国际（300612）的走势图。该股在2020年5月12日出现0轴之下的金叉，随后不久该股的DIFF线和DEA线先后上穿0轴线，自此展开一波反弹行情。

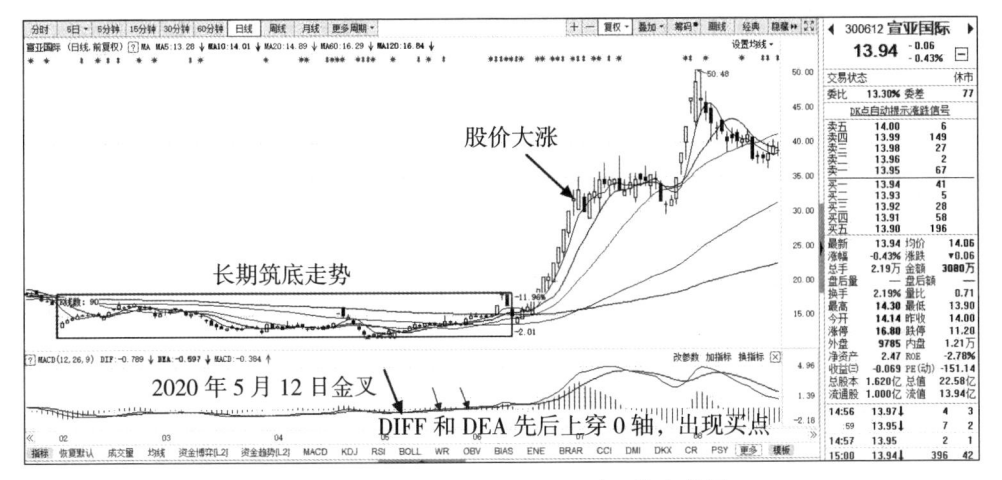

图2-14 宣亚国际（300612）K线走势图

三、DIFF与DEA的黏合和发散

DIFF位于DEA上方时，说明多方占据优势；DIFF位于DEA下方时，说明空方占据优势。通过两条曲线之间的黏合和发散关系，投资者往往能够看出多空力量的变化。

1. 黏合

DIFF线与DEA线黏合在一起时，说明多空双方处于相对均势状态。也就是说，股价若处于下跌过程中，那么还将持续下跌；若处于上涨态势中，还将继续上涨。

DIFF与DEA的黏合状态一旦结束，就是MACD指标重新选择方向的时候，股价也会在这个时候出现加速上涨或加速下跌的情况。

如图2-15所示，东方材料（603110）的走势图。该股在DIFF与DEA发散之前，整整纠缠黏合了112个交易日之多，随后在2020年12月16日出现向上发散，上涨行情也随后展开。

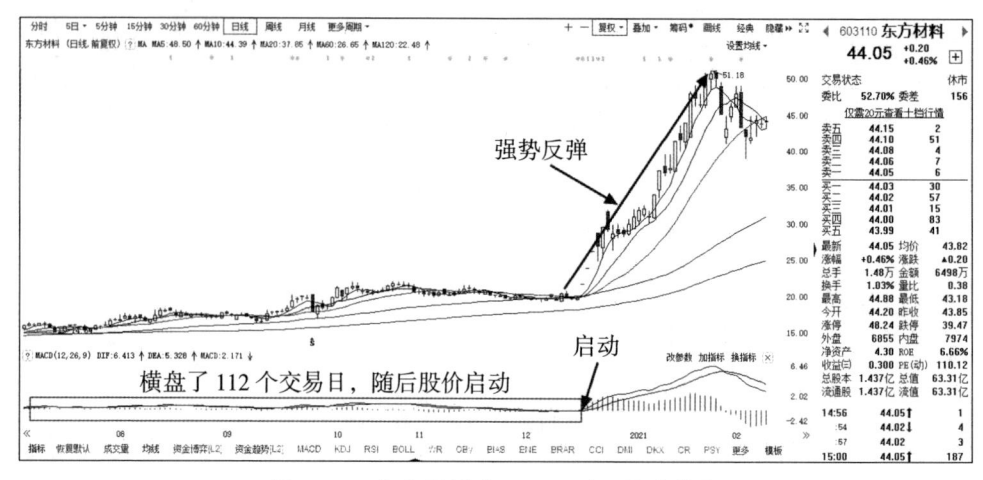

图2-15　东方材料（603110）K线走势图

2. 发散

DIFF与DEA之间的距离增大，说明多空双方有一方占据了优势地位，且这种优势在不断增强。

DIFF与DEA之间的发散情况有两种，一种是向上发散，通常伴随股价和指数的筑顶；一种是向下发散，通常伴随股价和指数的筑底。

（1）DIFF位于DEA上方，且与DEA的距离越拉越大时，说明多方的优势地位逐渐增强，股价上涨的速度将不断加快。

（2）DIFF位于DEA上方，且与DEA的距离越来越小时，说明多方的优势地位逐渐减弱，股价上涨的速度将减慢，甚至出现下跌（筑顶阶段）。

（3）DIFF位于DEA下方，且与DEA的距离越拉越大时，说明空方的优势地位逐渐增强，股价下跌的速度将不断加快。

（4）DIFF位于DEA下方，且与DEA的距离越拉越小时，说明空方的优势地位逐渐减弱，股价下跌的速度将减慢，甚至出现上涨（筑底阶段）。

如图2-16所示，新安股份（600596）的走势图。该股股价在2020年10月27日左右启动了一波上涨行情。MACD指标中的DIFF与DEA同步向右上方倾斜，且DIFF的上升速度明显较快，与DEA的距离越拉越大，说明股价处于加速上涨期。

从11月26日开始，尽管新安股份的股价仍旧呈现振荡上涨态势，但DIFF与DEA之间的距离不仅没有拉大，反而越来越小。这说明多方力量有所不济，投资者可以选择卖出部分股票的方式回避风险。

随后DIFF与DEA之间的距离越来越小，到2020年12月1日，DIFF更是自上而下与DEA形成交叉。这说明市场已经认可了股价的下跌态势，多空双方的力量发生了逆转。其后DIFF一直处于DEA下方，且距离越拉越大。这说明空方力量不断增强，股价下跌的速度也越来越快。

同样经过一波下跌后，该股的DIFF与DEA在12月30日左右开始再度出现距离缩小的状况，2021年1月14日左右出现0轴之下的金叉，预示着该股可能迎来新的变盘走势。

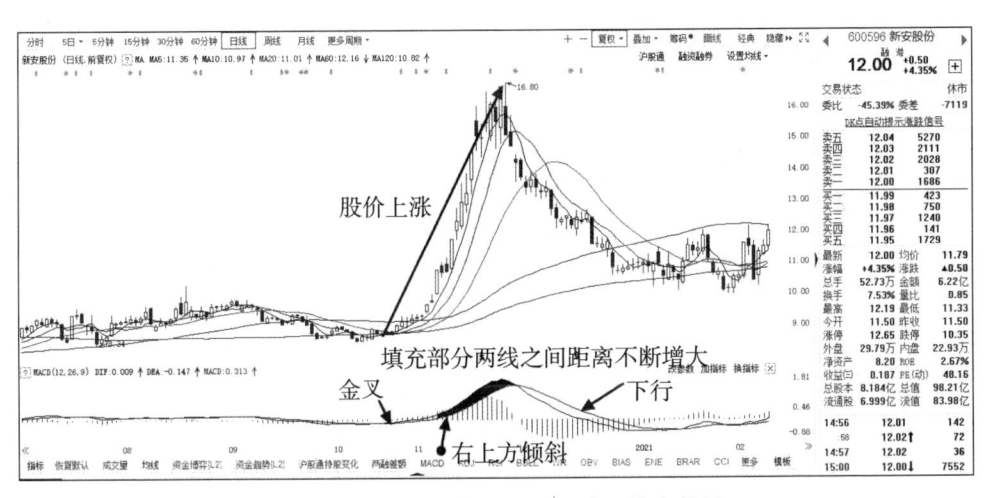

图2-16　新安股份（600596）K线走势图

第三章
MACD 指标的黄金搭档

第一节　MACD 指标的黄金搭档 KDJ 指标

一、KDJ指标的起源

KDJ指标又叫随机指标，最早起源于期货市场，由美国金融家乔治·莱恩（George Lane）首创。

随机指标KDJ最早是以KD指标的形式出现，是在威廉指标的基础上发展起来的。不过KD指标只能判断股票的超买超卖现象，此后该指标加上J线，在指标中融合了移动平均线速度上的观念，形成比较准确的买卖信号依据。

如图3-1所示，以铁流股份（603926）为例。图中箭头1代表的是K线，箭头2代表的是D线，箭头3代表的是J线。

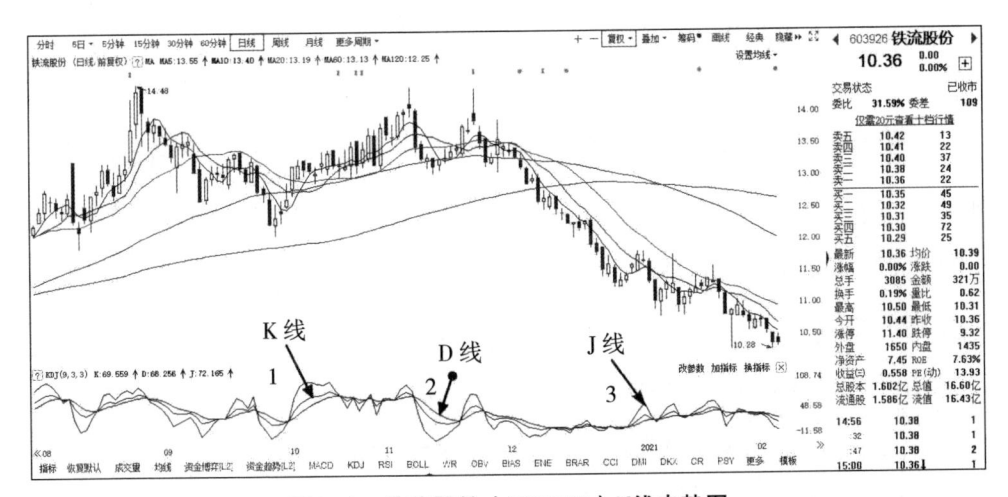

图3-1　铁流股份（603926）K线走势图

二、KDJ指标的原理

随机指标KDJ是以最高价、最低价及收盘价为基本数据进行计算，得出的K值、D值和J值分别在指标的坐标上形成了一个点，连接无数个这样的点位，就形成了一个完整的、能够反映价格波动趋势的KDJ指标。

KDJ指标在实战操作中主要是研究最高价、最低价和收盘价之间的关系，同时融合了动量观念、强弱指标和移动平均线的一些优点。因此，其能够比较迅速、快捷、直观地研判行情，被广泛应用于股市的中短期趋势分析，是股票和期货市场上常用的技术分析工具之一。

由于KDJ线本质上是一个随机波动的观念，故其对于掌握中短期行情走势比较准确。

三、KDJ指标的计算方法

KDJ指标的计算比较复杂，首先要计算周期（n日、n周等）的RSV值，即未成熟随机指标值，然后再计算K值、D值、J值等。

以n日KDJ数值的计算为例，其计算公式为：

n日RSV=（Cn－Ln）/（Hn－Ln）×100

公式中，Cn为第n日收盘价，Hn为n日内的最高价，Ln为n日内的最低价。

其次，计算K值与D值：

当日K值=2/3×前一日K值+1/3×当日RSV

当日D值=2/3×前一日D值+1/3×当日K值

若无前一日的K值与D值，可分别用50来代替。

J值=3×当日K值–2×当日D值

以9日为周期的KD线为例，其未成熟随机值的计算公式为：

9日RSV=（C−L9）/（H9−L9）×100

公式中，C为第9日的收盘价，L9为9日内的最低价，H9为9日内的最高价。

K值=2/3×第8日K值+1/3×第9日RSV

D值=2/3×第8日D值+1/3×第9日K值

J值=3×第9日K值−2×第9日D值

若无前一日的K值与D值，可分别用50代替。

四、KDJ指标的使用技巧

KDJ指标的使用技巧包括如下几点。

（1）K值与D值永远介于0到100之间。D大于80时，行情呈现超买现象；D小于20时，行情呈现超卖现象。

（2）上涨趋势中，K值小于D值，K线向上突破D线时，为买进信号；下跌趋势中，K值大于D值，K线向下跌破D线时，为卖出信号。

（3）KD指标不仅能反映市场的超买超卖程度，还能通过交叉突破发出买卖信号。

（4）对于发行量小、交易不活跃的股票，KD指标的参考意义不大，但是KD指标对大盘和热门大盘股有极高的准确性。

（5）当随机指标与股价出现背离时，一般为股票趋势可能转变的信号。

（6）K值和D值上升或者下跌的速度减弱，倾斜度趋于平缓，是短期趋势可能转变的预警信号。

五、KDJ指标的实战研判

KDJ指标常用的默认参数是9，短线操作可以将参数改为5，不但反应更加敏捷、准确，而且可以降低钝化现象。一般常用的KDJ参数有5，9，19，36，45，73等。实战中还应将不同的周期综合分析，短中长趋势便会一目了然，如出现不同周期共振的现象，说明趋势的可靠度加大。

（1）K线是快速确认线——数值在90以上为超买，数值在10以下为超卖。D线是慢速主干线——数值在80以上为超买，数值在20以下为超卖。J线为方向敏感线，当J值大于90，特别是连续5天以上，股价至少会形成短期头部；反之，J值小于10时，特别是连续数天以上，股价至少会形成短期底部。

（2）当K值由较小逐渐大于D值，在图形上显示K线从下方上穿D线，显示目前的趋势是向上的，所以在图形上K线向上突破D线时，俗称金叉，即为买进的信号。

实战时，当K线、D线在20附近交叉向上，此时的短期买入信号较为准确；如果K值在50以下，由下往上接连两次上穿D值，形成右底比左底高的"W底"形态时，后市股价可能会有相当的涨幅。

如图3-2所示，爱美客（300896）的走势图。该股在2020年12月1日形成KDJ金叉时，K值是23.52，D值是22.73，12月30日再度金叉的时候，K值是48.52，D值是50.80，短期K值连续两次上穿D值，指标形成一个右底比左底高的"W底"形态。从后期走势看，股价确实出现了一波不错的涨幅。

如图3-3所示，盛和资源（600392）的走势图。该股在上涨过程中也是多次出现了"W底"形态。在图中，1处的K值是16.94，D值是13.99；2处的K值是16.19，D值是17.96；3处的K值是28.28，D值是26.10。其中第一个"W底"最符合我们所给出的条件。

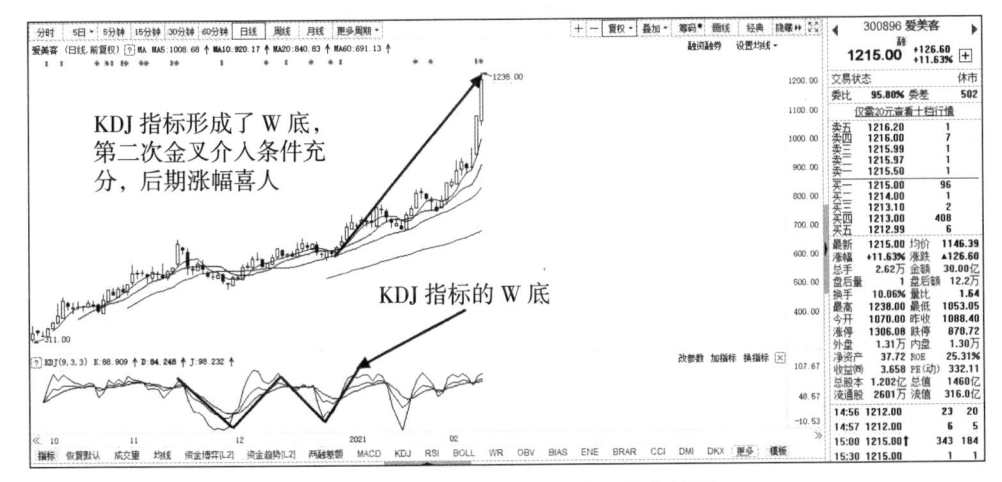

图3-2 爱美客（300896）K线走势图

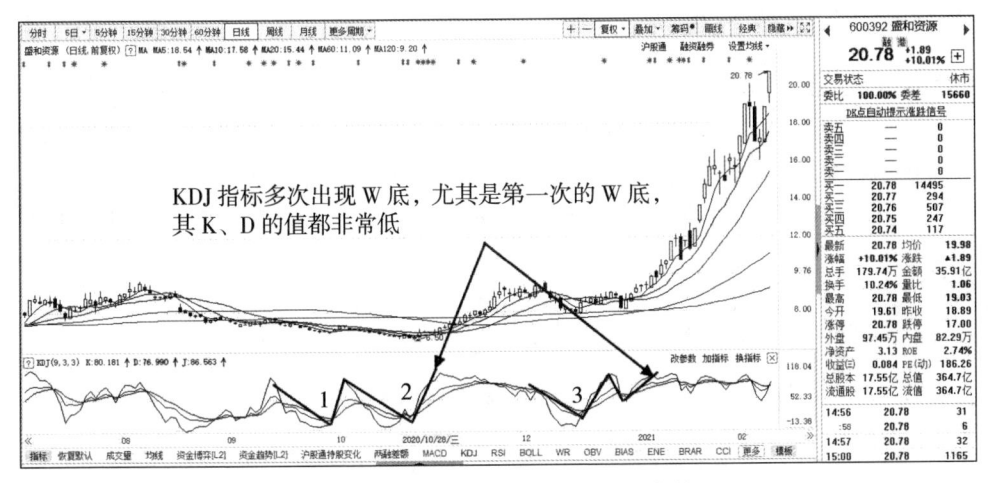

图3-3 盛和资源（600392）K线走势图

（3）当K值由大于D值到逐渐小于D值，在图形上显示K线从上方下穿D线，显示趋势是向下的，所以在图形上K线向下突破D线时，俗称死叉，即为卖出的信号。

实战时，当K线、D线在80以上交叉向下，此时的短期卖出信号较为准确；如果K值在50以上，由上往下接连两次下穿D值，形成右头比左头低的"M头"形态时，后市股价可能会有相当的跌幅。

如图3-4所示,健友股份(603707)的走势图。该股在日线形态上于2020年8月7日左右形成了KDJ指标的"M头"形态,导致短期出现了不小的跌幅。

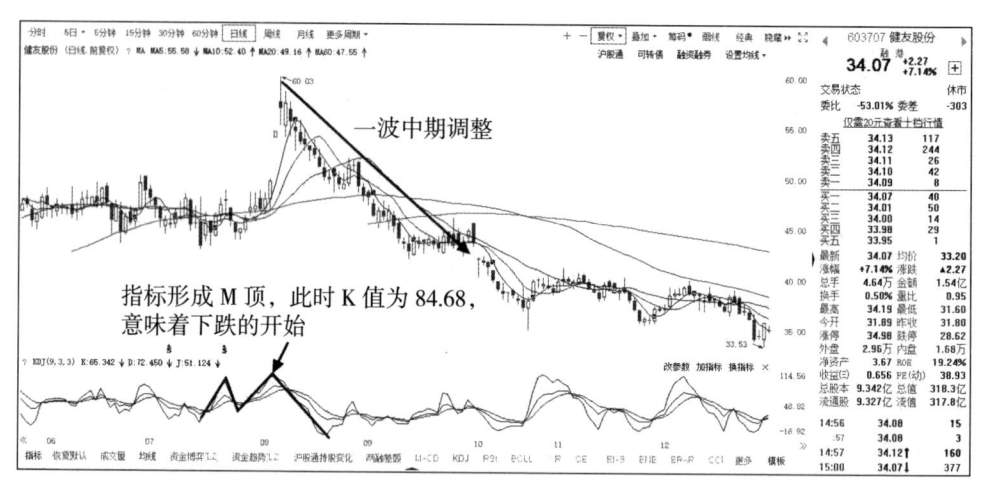

图3-4　健友股份(603707)K线走势图

(4)通过KDJ指标与股价背离的走势判断股价顶底,也是颇为实用的方法。

①股价创新高,而KD值没有创新高,为顶背离,应卖出。

②股价创新低,而KD值没有创新低,为底背离,应买入。

需要注意的是KDJ指标顶底背离判定的方法,只能和前一波高低点时的KD值相比,不能跳过去进行比较。

如图3-5所示,卓越新能(688196)的走势图。该股在2020年4月出现了底背离行情,此时适合买入。在8月出现了顶背离行情,应当卖出。

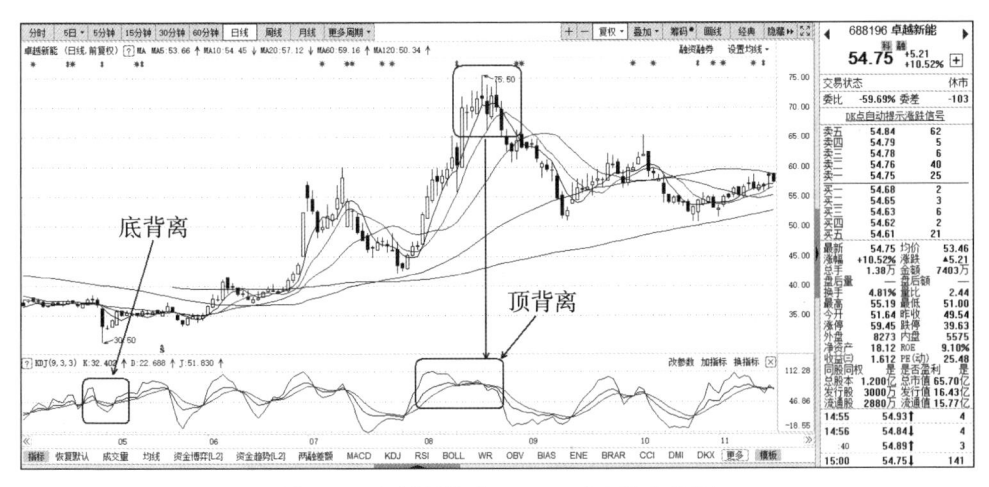

图3-5 卓越新能（688196）K线走势图

六、KDJ指标的分析周期

1. 常见周期

KDJ指标常见的分析周期是分钟（主要是60分钟）、日、周、月。

如果研究10个交易日以内的股价，以KDJ指标作为分析参数，周期选取3天左右为宜（从金叉到死叉为3天时间）。

如果研究50个交易日以内的股价，以KDJ指标作为分析参数，周期选取10天左右为宜。

如果研究50个交易日以上的股价，以KDJ指标作为分析参数，周期选取20天左右为宜。

2. 均线先行原则

在使用KDJ指标的过程中，要遵循均线先行的原则，因为股价一旦被长期均线压制，KDJ指标再怎么金叉一般也只能做短线操作，切莫做中长线投资。这是KDJ指标使用的前提。以长期均线作为参照物，在股价远离均线且

KDJ指标金叉时，股价有超跌反弹的可能，短线投资者可做短线操作。

3. 涨势的大体周期

日KDJ指标分析的是短线行情，行情一般维持时间为15天～1个月。

周KDJ指标分析的是中线行情，行情一般维持时间为1个月～3个月（一旦金叉，一个月内基本会涨，但涨幅不能确定）。

月KDJ指标分析的是长线行情，维持时间一般为3个月～5个月。

对于除权后的股票，KDJ指标没有研判意义，起码要在股价运行三个月以后才能重新研判。

七、MACD指标+KDJ指标买卖战法

1. MACD指标和KDJ指标双金叉买入法

定义：该买入法是KDJ指标出现K、J同时金叉于D的情况，并且三者处于较低的值，同时MACD指标出现金叉买点，此时绿色能量柱消失，随之出现红色能量柱。如果上述两个指标同时指示买入，说明此时的买入信号非常可靠，投资者应果断买入（MACD指标和KDJ指标金叉的先后顺序可以不同，也就是说谁先金叉均可）。

MACD指标+KDJ指标双金叉买入法，通过实战操作验证，成功率高达90%以上。

（1）日线MACD指标在0轴之下金叉，KDJ指标金叉。

如图3-6所示，浪潮软件（600756）的走势图。该股在2018年2月12日出现KDJ指标率先金叉的情况，此后不久该股的MACD指标在0轴之下出现金叉，发出强烈的买入信号，此时投资者应该果断买入。一直到2018年4月26日前后，虽然KDJ指标出现过反复死叉、金叉的现象，但由于其周线

的KDJ指标一直处于金叉向上的状态,且MACD指标也是持续在0轴之上运行,因此投资者可以持股,两个月的时间,该股实现股价翻番。

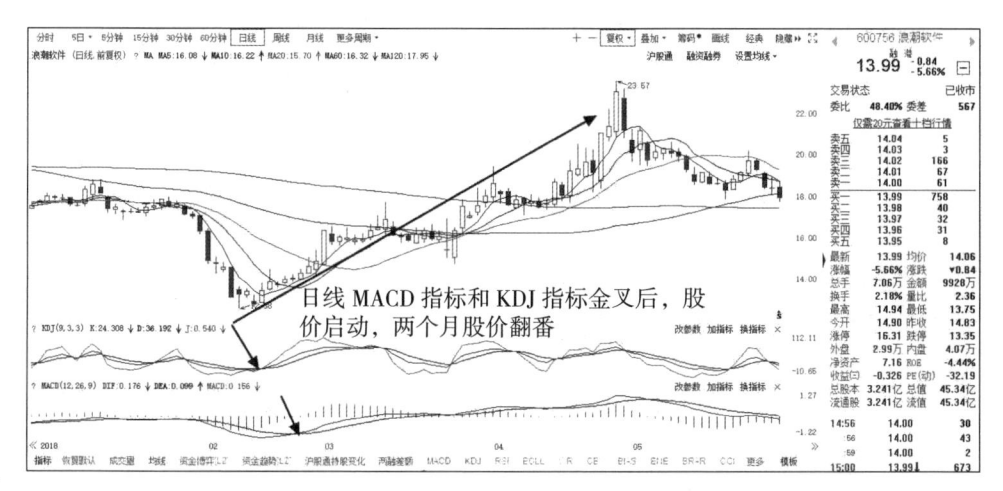

图3-6 浪潮软件(600756)K线走势图

(2)日线MACD指标在0轴之上金叉,KDJ指标金叉。

如图3-7所示,东方通信(600776)的走势图。该股在2019年2月11日先是出现KDJ指标金叉,此后MACD指标在0轴之上金叉,发出强烈的买入信号。此后的一段时间,该股股价从13元以下启动,最高涨到41元以上。

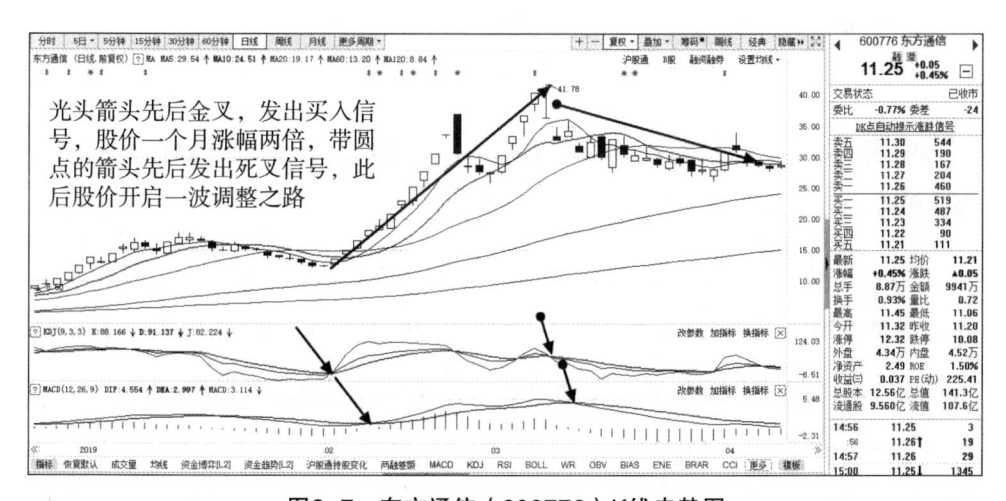

图3-7 东方通信(600776)K线走势图

直到3月8日，该股的KDJ指标和MACD指标先后发出见顶信号，涨势才告一段落。

（3）MACD指标的两条线位于0轴上方，KDJ指标金叉，是买入机会。

如图3-8所示，新华传媒（600825）的走势图。该股在2020年5月20日MACD指标出现金叉，此后一直到7月16日，MACD指标再度出现死叉，随后下穿0轴，预示该股短期的反弹即将结束。而在此期间，该股的KDJ指标分别在6月12日和7月3日出现金叉短线买入的信号，符合MACD指标的两条线位于0轴上方，KDJ指标金叉，是买入机会。

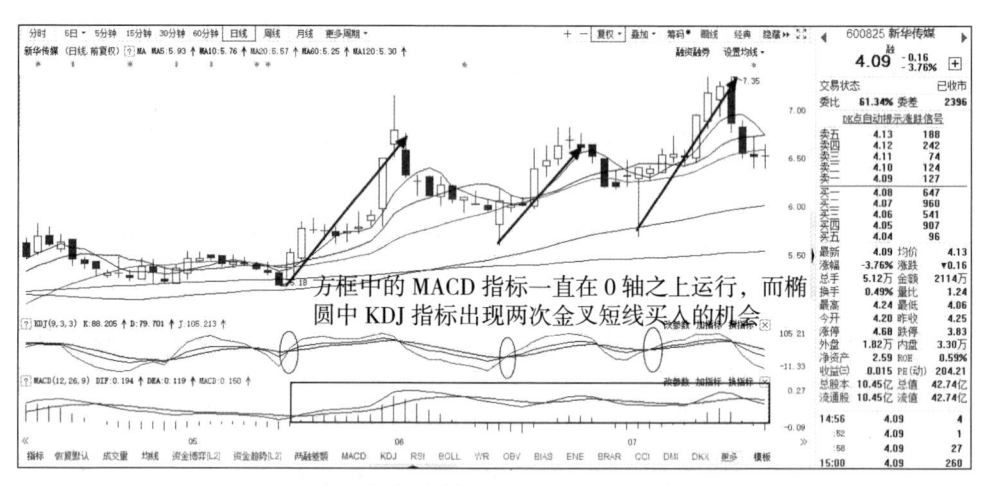

图3-8　新华传媒（600825）K线走势图

说明：由于KDJ指标自身的灵敏度较高，影响了指标的准确性。只做强势区域的KDJ指标金叉，准确度会大幅度提升。

如图3-9所示，华友钴业（603799）的走势图。自2020年10月27日开始，该股的MACD指标均在0轴之上运行，在此期间，在2020年12月初到2021年2月初的这一波强势上涨行情当中，期间多次出现KDJ指标金叉，可以说每一次金叉都是买入机会。

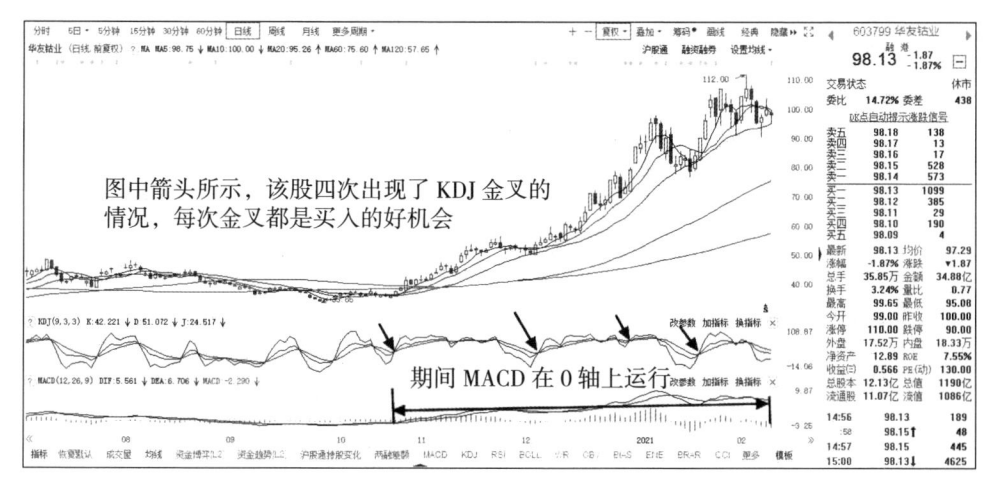

图3-9　华友钴业（603799）K线走势图

2. MACD指标和KDJ指标组合的指示作用

（1）MACD指标在0轴以上，KD金叉向上，指标共振，继续看涨。

（2）MACD指标在0轴以上，KD死叉向下，只要MACD指标没有死叉或者走平、向下，则可能为洗盘。

如图3-10所示，宏川智慧（002930）的走势图。该股在2020年5月29日启动之后，MACD指标一直处于0轴之上，而灵敏度更高的KDJ指标则是多次出现了KD金叉向上，指标共振，行情上涨。之后KD金叉向下，是洗盘的情况。一直到8月11日之后，MACD指标和KDJ指标双死叉，能量柱开始翻绿，才出现真正意义上的调整。

（3）MACD指标在0轴以下，KD死叉向下，指标共振，继续看跌。

（4）MACD指标在0轴以下，KD金叉向上，只要MACD指标没有拐头向上，则视为下跌中继。

如图3-11所示，中科信息（300678）的走势图。该股自2020年10月29日之后，MACD指标就一直在0轴之下运行，一直到2021年1月29日，KDJ指标中的KD一共出现5次死叉、4次金叉，投资者就可以把每次的死叉

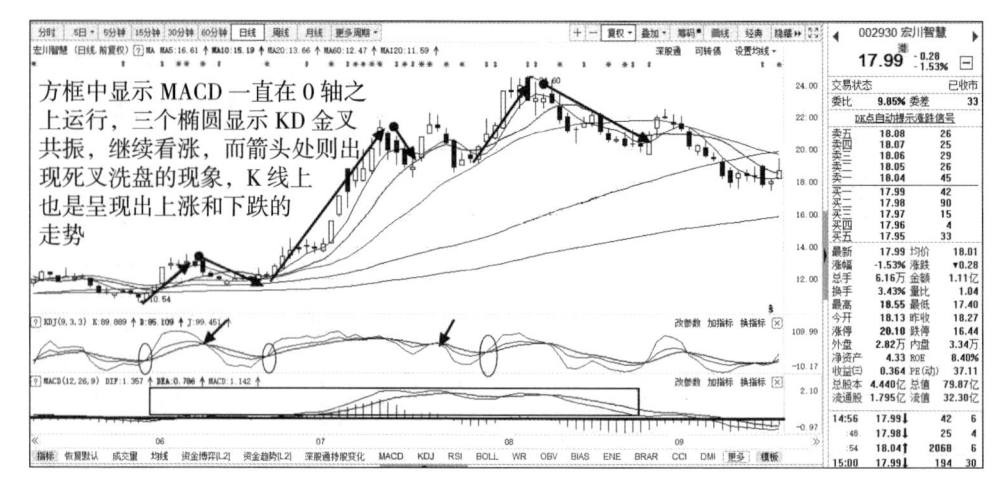

图3-10　宏川智慧（002930）K线走势图

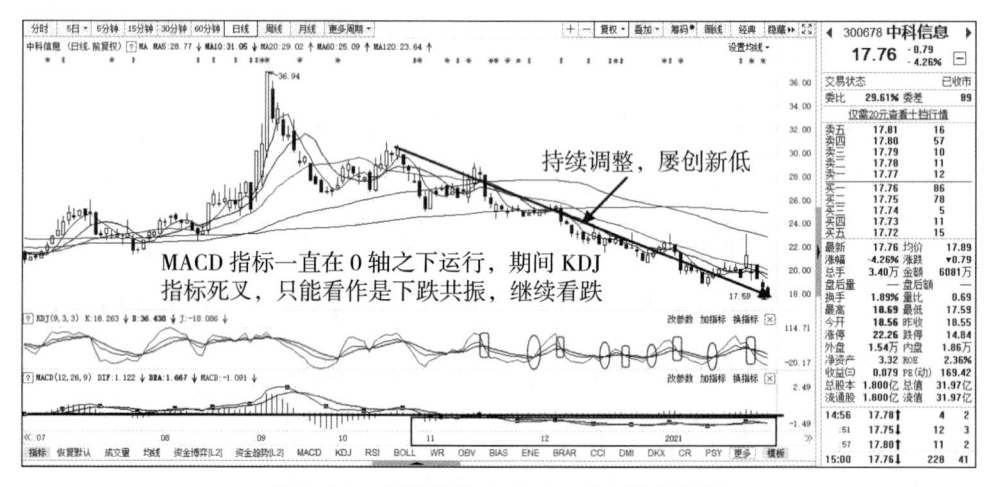

图3-11　中科信息（300678）K线走势图

看作是指标共振的下跌。虽然说出现了4次金叉，但由于MACD指标没有拐头向上，只能将其看作是下跌中继。

（5）MACD指标在0轴附近或之下出现金叉向上，并且开始出现红色能量柱，此时KDJ指标死叉回调的时候，可以买进。如果再度金叉的角度在30度左右，则走势很平缓，一旦大于45度，则必须跟进，短期涨幅很大。

如图3-12所示，英维克（002837）的走势图。该股在2020年1月21日出现了MACD指标0轴之上运行，KDJ指标死叉的现象。2月14日，该股的KDJ指标再度金叉，呈现出45度角的向上发散走势。此时投资者可以短线介入，等待一波短期的急涨行情。

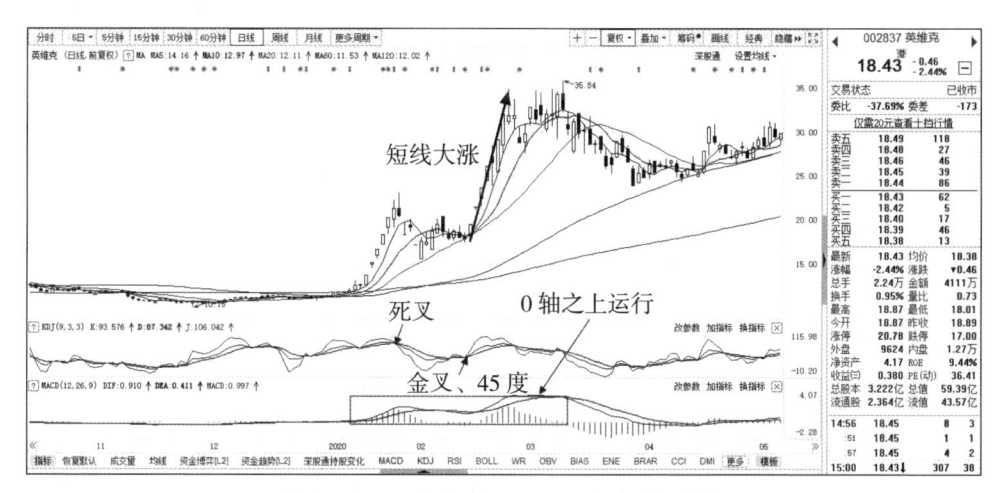

图3-12 英维克（002837）K线走势图

（6）MACD指标在0轴以上，红色能量柱开始逐渐减小，MACD线开始走平，不再上升，同时KDJ指标发生死叉，这是趋势转折的前兆，投资者应减仓。当MACD指标发生死叉，绿色能量柱开始出现，投资者应全部清仓。

如图3-13所示，中通国脉（603559）的走势图。2020年12月10日，该股的MACD指标在0轴以上，红色能量柱开始逐渐减小，MACD线开始走平。三天后，KDJ指标发生死叉，5天后MACD指标发生死叉，绿色能量柱开始出现。此时投资者应全部清仓，避免一轮下跌行情带来的损失。

3. 三种行情下MACD指标与KDJ指标组合的操作技巧

（1）单边行情。在上升趋势中，MACD指标和均线在0轴上方运行，当KDJ指标运行到低位超跌时，应进行做多；在下降趋势中，MACD指标和均线在0轴下方运行，当KDJ指标运行到高位超买区域，应进行做空。

图3-13 中通国脉（603559）K线走势图

如图3-14所示，科森科技（603626）的走势图。该股在2020年6月1日到8月12日期间属于单边上涨行情，MACD指标和均线在0轴上方运行，KDJ指标多次出现低位超跌金叉现象，都是投资者买入的好时机。

而该股自2020年10月30日调整以来，一直到2021年1月29日，MACD指标和均线在0轴下方运行，此时KDJ指标每次运行到高位超买区域，都是出局的好机会。

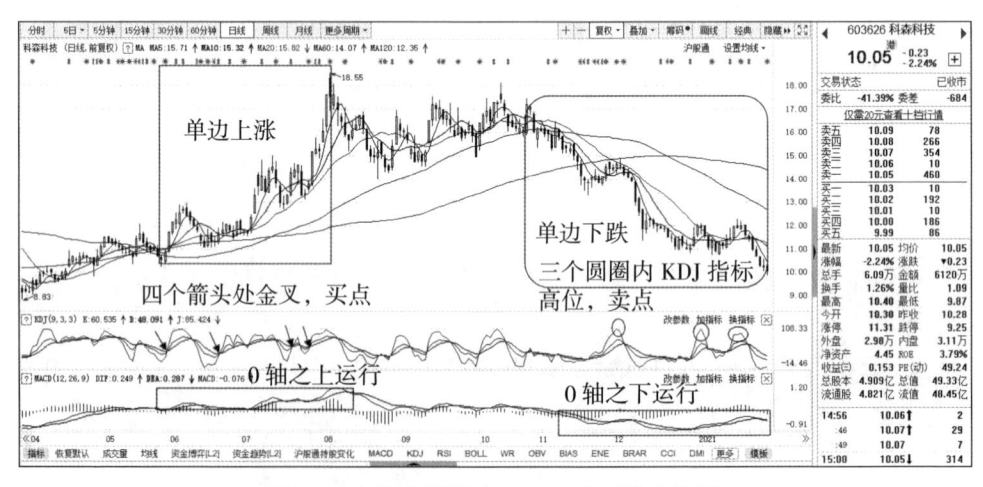

图3-14 科森科技（603626）K线走势图

（2）横盘振荡。在横盘振荡的箱体中，MACD指标和均线无论是在0轴上方还是0轴下方，都会特别贴近0轴，或者直接与0轴重叠，这个时候应重点关注KDJ指标，高位超买做空，低位超卖做多。

如图3-15所示，鲁商发展（600223）的走势图。该股在2020年9月30日到12月21日期间，一直处于一个横盘振荡走势阶段。在这段横盘振荡的箱体中，MACD指标和均线一直围绕0轴做窄幅的波动，或者直接与0轴重叠，而此时的KDJ指标则是出现了多次高位超买做空、低位超卖做多的情况，对于短线投资者来说是一个机会。

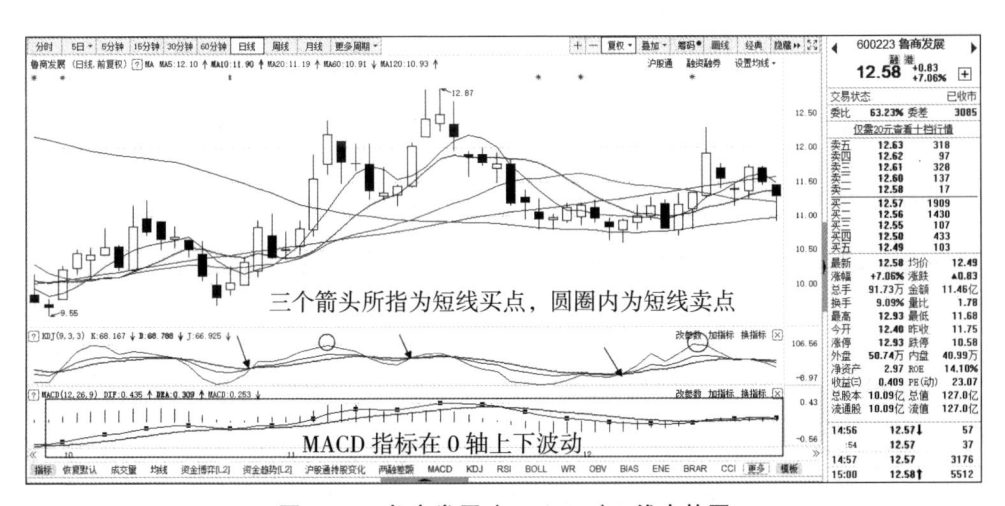

图3-15　鲁商发展（600223）K线走势图

（3）背离。投资者应重点关注MACD指标背离，在MACD指标形成顶背离时，需要在KDJ指标高位超买时做空；当MACD指标形成底背离时，需要在KDJ指标低位超跌时做多。个别情况下，MACD指标与KDJ指标同时形成顶背离或者是底背离，这种信号的可靠性更强。

如图3-16所示，广日股份（600894）的走势图。该股在2020年11月24日出现了顶背离现象，而且是双背离，说明该股短期将有下跌。而实际情况也是如此，该股此后两个月一直都处于下跌状态。

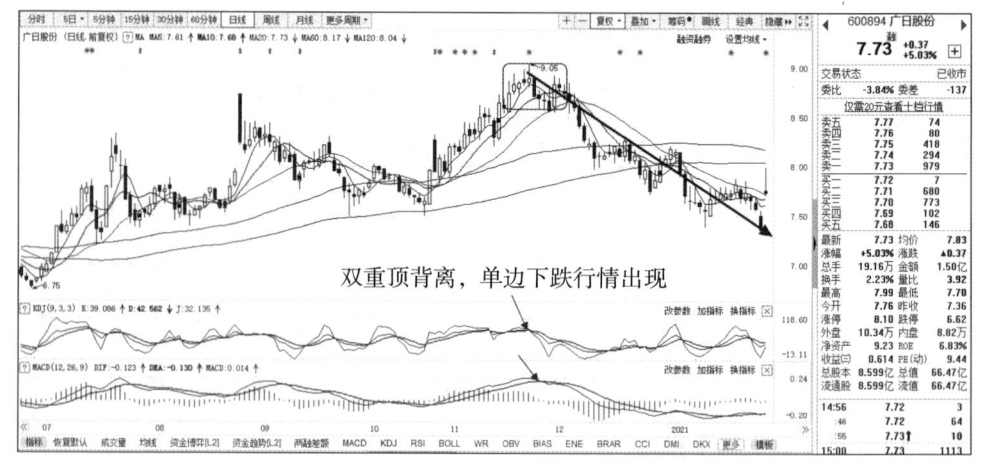

图3-16 广日股份（600894）K线走势图

4. 注意事项

（1）在一波强势的单边行情里，我们很难等到KDJ指标出现超买或者超卖的情况，这时候可以关注KDJ指标三根线的发散程度，快线大幅偏离慢线的时候，即使没有达到超买或者超卖区域，也可以考虑买卖。

（2）在使用指标共振的时候，成交量是重要的参考指标，因为任何反弹都需要量能的配合和支持，有句俗话叫"任何无量的反弹都是耍流氓"。

（3）MACD指标与KDJ指标组合的双线金叉或死叉的指标共振，可以把握进场点，但是不能预测获利空间。

（4）MACD指标与KDJ指标组合的指标共振，对于太小或者太大的周期是不适合的。例如1分钟走势过小，MACD指标的趋势性优势凸显不出；而月周期走势太大，KDJ指标的超买超卖优势凸显不出。

第二节 MACD 指标的黄金搭档布林线

一、布林线的定义

布林线（BOLL）即我们常说的布林指标。BOLL指标由三条线组成，即上轨线、中轨线、下轨线。BOLL指标通过这三条线之间的关系，再结合其他指标，成为研判大盘趋势的有效工具。布林通道线的运用，通常是作为研判股价走势的辅助指标，即通过股价所处布林通道内的位置，来评估股价走势的强弱。当价格线位于布林线中轨之上时，多半为多头市场，可持股或买入；而当价格线处于布林线中轨之下时，则多半为空头市场，宜小心介入。布林通道的两极为上轨和下轨，表示极强和极弱。

与MACD、RSI、KDJ等指标一样，BOLL指标也是股票市场最实用的技术分析参考指标之一。

二、布林线的计算

在所有的指标计算中，BOLL指标的计算方法是最复杂的之一，其中引入了统计学中的标准差概念，涉及中轨线（MB）、上轨线（UP）和下轨线（DN）的计算。另外，和其他指标的计算一样，由于选用的计算周期不同，BOLL指标也包括日BOLL指标、周BOLL指标、月BOLL指标、年BOLL指标以及分钟BOLL指标等各种类型。经常被用于股市研判的是日BOLL指标和周BOLL指标。虽然它们计算时的取值有所不同，但基本的计算方法一样。

以日BOLL指标为例，其计算方法如下。

日BOLL指标的计算公式：

中轨线=N日的移动平均线

上轨线=中轨线+两倍的标准差

下轨线=中轨线－两倍的标准差

日BOLL指标的计算过程：

（1）计算MA。

MA=N日内的收盘价之和/N

（2）计算标准差MD。

MD=平方根N日的（C－MA）的两次方之和除以N

（3）计算MB、UP、DN线。

MB=N日的MA

UP=MB+2×MD

DN=MB－2×MD

各大股票交易软件默认N是20，所以MB等于当日20日均线值。

三、布林线的四大功能

在股市分析软件中，BOLL指标一共由三条线组成，即上轨线、中轨线、下轨线。在不同的交易软件里，三条线所使用的颜色也不同，在以白色为底版的交易软件中，通常用紫色表示上轨线，黑色表示中轨线，黄色或者灰色表示下轨线；其中上轨线和下轨线可以分别看成是股价的压力线和支撑线，布林线指标的参数最好设为20。一般来说，股价会运行在压力线和支撑线所形成的通道中。

通常来说，布林线具有以下四种功能。

（1）布林线可以指示支撑和压力位置。

（2）布林线可以显示超买、超卖。

（3）布林线可以指示趋势。

（4）布林线具有通道作用。

如图3-17所示，麦迪科技（603990）的走势图。图中标出了BOLL指标的指示作用。

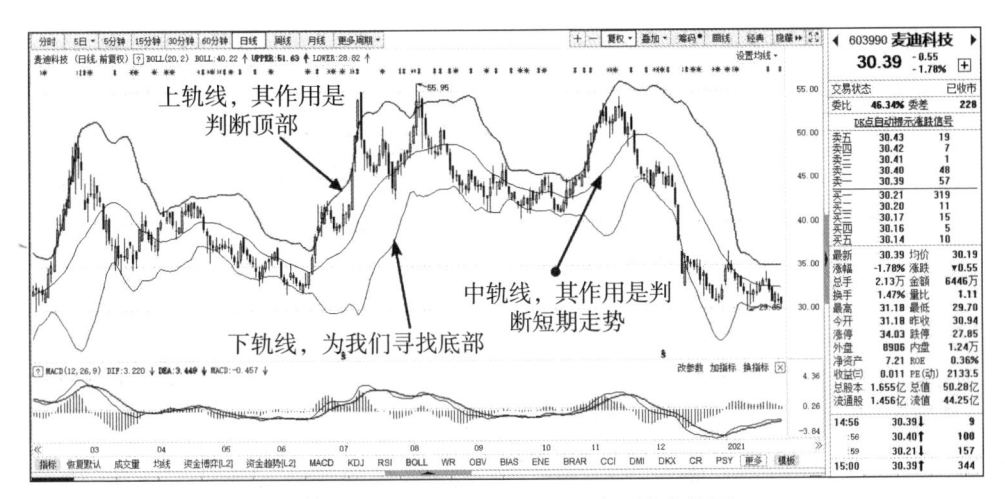

图3-17　麦迪科技（603990）K线走势图

四、布林线的应用

BOLL指标的上轨线和下轨线分别从两个相反的方向与中轨线大幅扩张或靠拢而形成的类似于喇叭口的特殊形状，能比较准确地告知行情将发生激烈的变化。

关于BOLL指标的缩口和开口，共分为四种情况：上缩口、下缩口、上开口、下开口。

1. BOLL指标的上缩口和上开口

如图3-18所示，联得装备（300545）的走势图。该股自2019年10月10日开始出现BOLL指标图形高位线与低位线的缩小，股价在BOLL线上方多次尝试上穿高位线，并在其附近振荡，成交量处于低迷小幅增量阶段，表示股价在孕育上涨行情，下跌空间有限，大概率会出现连续上涨机会，是买入机会。随后该股从2020年1月3日之后，BOLL指标图形高位线与低位线之间的距离开始扩大，股价连续上穿高位线，并在其附近振荡，伴随着成交量的放大，表示股价大概率会出现连续上涨。

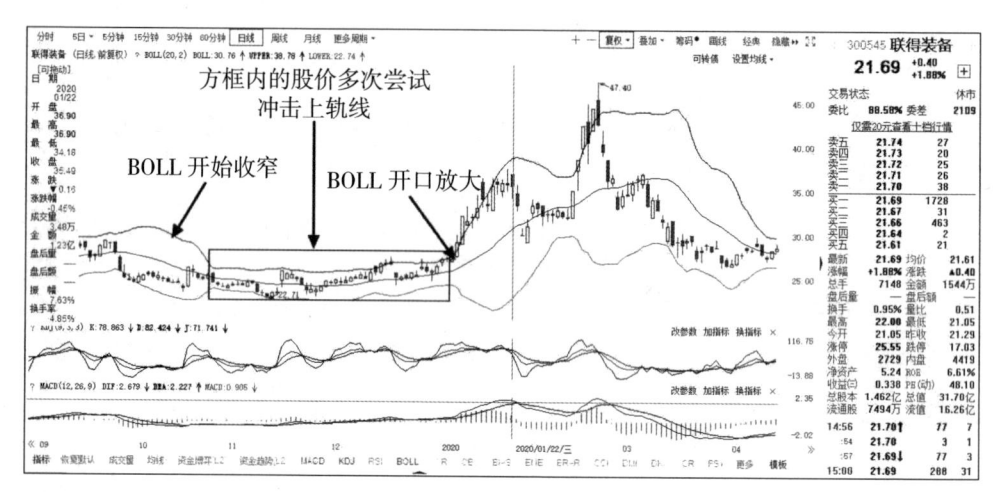

图3-18 联得装备（300545）K线走势图

对于上缩口，如果布林线在经过数波下跌后，随后常会转为较长时间的窄幅整理，这时布林线的上限和下限空间极小，越来越窄，越来越近。布林线处于极度缩口的状态，一旦此后出现成交量增大，价格上升，布林线开口扩大的状况，说明一波上升行情即将开始。

上开口可以预判涨势的结束，当股价由低位向高位经过数浪上升后，布林线最上压力线和最下支撑线的开口达到了极大程度，并且开口不能继续放大转为收缩时，此时是卖出信号，通常价格紧跟着是下跌或调整行情。

2. BOLL指标的下缩口和下开口

如图3-19所示，东宏股份（603856）的走势图。该股在2020年9月4日出现下缩口的走势，这段时间股价多在布林线的中轨线和下轨线之间运行。

当股价处于布林线指标下方，布林线指标图形的高位线与低位线缩小，连续下穿低位线，并在其附近振荡，成交量处于小幅放量后的持续缩量阶段，表示股价大概率会出现连续下跌的风险，上升动力较弱，是卖出时机。随后该股在10月27日走出下开口，次日股价以一根大阴线跌破下轨，股价出现一波调整。

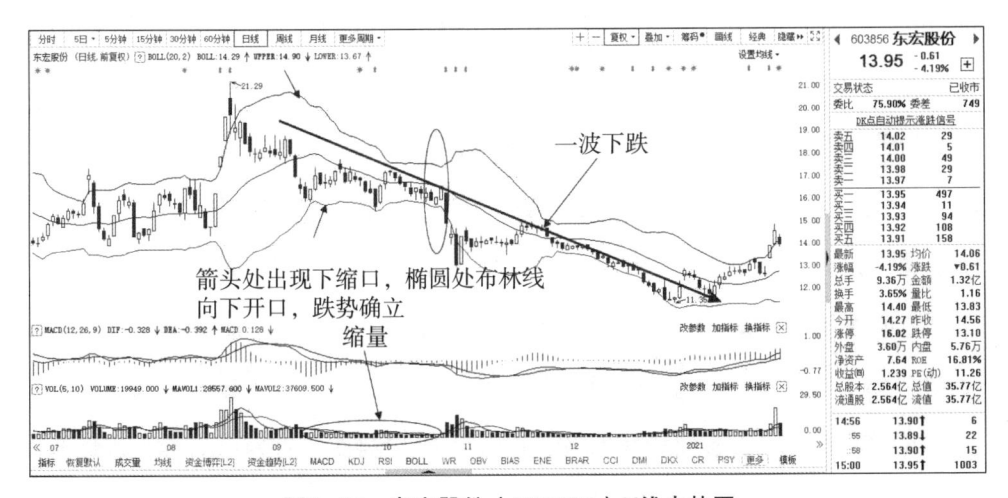

图3-19 东宏股份（603856）K线走势图

如果布林线在高位的开口开始缩小，一旦价格向下破位，布林线开口放大，一轮跌势将不可避免。

下开口可以预判跌势的结束。当价格经过数浪大幅下跌，布林线上限和下限的开口不能继续放大，布林线上限压力线提前由上向下缩口，等到布林线下限支撑线随后由下向上缩口时，一轮跌势将告结束。

五、MACD指标+布林线"双剑合璧"

任何指标都有其自身的局限性，MACD指标也是。作为趋向性指标的MACD指标，指示的是趋势，但是有些时候也会出错，尤其是在MACD指标黏合或者市场处于振荡市期间。这时如果加入一个指标与其进行配合分析，会收到不错的效果。

单独使用MACD指标的时候会出现卖错的情况，因为MACD指标经常会出现钝化，尤其是在高位要继续上涨的时候，MACD指标会出现死叉。这个时候就需要一个比MACD指标更加趋势化的指标，如BOLL指标。

简单来说，BOLL线其实就是一条通道，在趋势确认的情况下，会呈现向上的趋向；在趋势不确认的情况下，会呈现横盘的趋向。如果结合这一点再加上MACD指标来使用，效果就会很好。

在横盘的时候，BOLL指标一般不会突破，MACD指标却会来回地金叉死叉，这个时候不要着急去买，等待BOLL指标出现突破再去操作。一旦BOLL指标出现了突破的机会，就可以买入了。在高位的时候MACD指标有时会出现死叉，但是BOLL指标的走势没有变化，如果BOLL指标不走坏，投资者可以不用急着卖，继续持有。

如图3-20所示，锦龙股份（000712）的走势图。在2020年4月14日到6月30日之间，该股股价呈现出持续横盘的状态，而MACD指标也是不断地出现死叉、金叉、红柱和绿柱，直到6月30日该股的BOLL指标给出买进信号，启动一波到八月初结束的上涨行情。

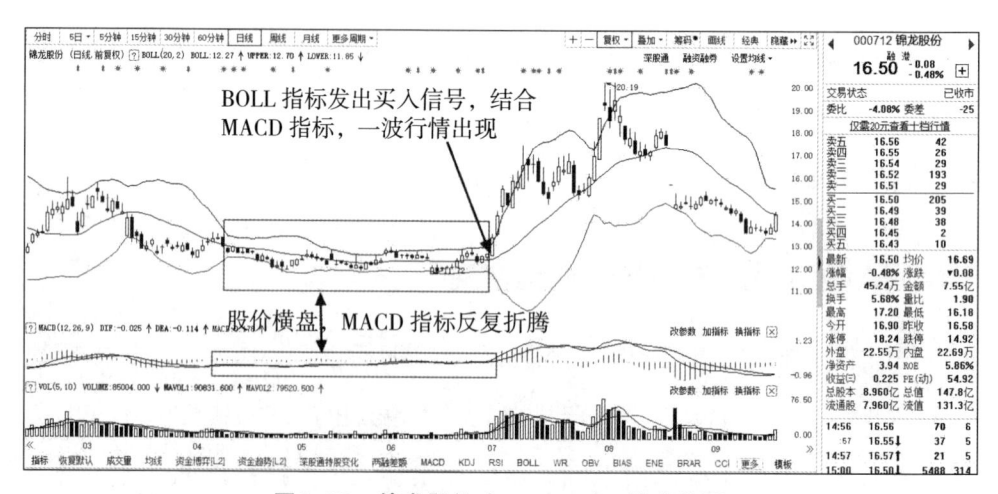

图3-20　锦龙股份（000712）K线走势图

如图3-21所示，ST南风（000737）（现名北方铜业）的走势图。该股在2020年5月29日到2020年7月1日和10月30日到12月2日之间，股价横盘，MACD指标来来回回地死叉、金叉，但是布林线没有突破，随后布林线向上开口选择突破，此时买入是不错的机会。

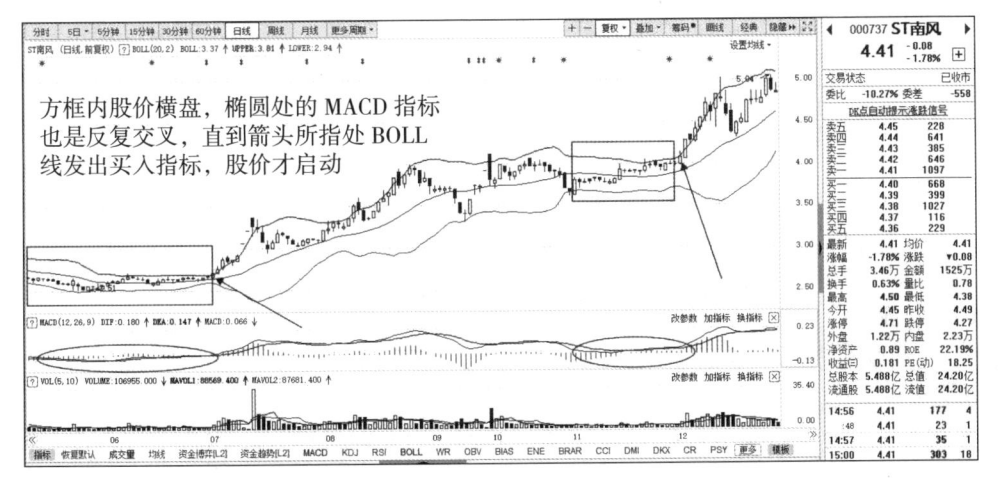

图3-21　ST南风（000737）K线走势图

第三节　MACD指标的黄金搭档AMO指标

一、AMO指标的定义

AMO一般指成交金额，表示每日已成交证券金额的数据。该指标没有计算公式，需要设置三条移动平均线，参数分别是M1=6，M2=12，M3=24。

二、AMO指标的用法

成交金额指标属于同步指标，灵敏性居中，与K线差不多，所以可以作为振荡指标，也可以作为趋势指标使用，但整体上还是局部指标。天量地量则是较准确的转折点指标，这点比振荡指标更强，投资者在运用成交金额指标的时候要注意这一问题。

关于该指标的使用，主要有以下几点。

（1）成交金额大，代表交投热络，可界定为热门股。

（2）底部起涨点出现大成交金额，代表攻击量。

（3）头部地区出现大成交金额，代表出货量。

（4）观察成交金额的变化比观察成交手数更具有意义，因为成交手数并未反映股价涨跌后所应支出的实际金额。

三、AMO指标和VOL指标的区别

（1）VOL指标，即成交量指标，反映考察周期的成交手数，AMO指标反映考察周期的交易资金量。对于大盘顶底的研判，关注AMO指标的变化比关注VOL指标更具有意义，因为成交手数并未反映股价涨跌后所应支出的实际金额。

（2）股市能涨跌的唯一原因就是资金的推动，所以看AMO指标反映的问题较为明显。股价上升，筹码被中长期资金锁定，成交手数减少，而股价照样上涨，是可以理解的。

（3）对比VOL指标和AMO指标的变化时可以发现，如大盘设定为5日线，VOL参数取值（5，10），AMO取值（5，10，20），那么误差就会超过五天或更长的时间。

（4）对于大多数股票软件来说，VOL指标一般只有两个参数，而AMO指标一般有三个参数。对于AMO指标，在大盘指数设定为5日K线时，20单位线也有很大的参考价值。

在实战操作中，观察AMO指标可以发现一个规律：参数设置为（5，

40，135），只要5日线>40日线>135日线，缩量回调，5日线向40日线回靠，某日成交金额突破5日线（当日最好为阳线），短期内股价十有八九会上涨。

四、常见的六种量价关系

不管是大盘还是个股的分析，对量和价的分析可以说是至关重要，在量价关系中，量（额）指的是一只股票单位时间的成交量（额），有日成交量（额）、月成交量（额）、年成交量（额）等；价指的是一只股票的价格，以收盘价为准，还有开盘价、最高价、最低价。

一只股票价格的涨跌与其成交量大小之间存在一定的内在关系，投资者可通过分析此关系判断形势，买卖股票。而根据不同的时段和不同的个股形态以及趋势的变化，量价关系又可以分为很多种，本小节重点介绍六种常见的量价形态，分别是低量低价、价涨量增、量增价平、价涨量缩、价跌量增和价跌量缩。

1. 量价关系第一种：低量低价

（1）低量低价的意义。低量低价主要是指个股或者大盘成交量非常稀少的同时，个股股价也非常低的一种量价配合现象。低量低价一般只会出现在股票长期底部盘整的阶段。说得通俗一点，就是某只个股不仅没有成交量，也没有价。

（2）低量低价的成因。低量低价一般是一只股票在前期经历了一波不错的上扬行情，而随着股价的上涨透支了投资者的预期之后，股价就会从高位回落。在高位下跌的过程中，成交量也会随之缩量，经过一段时间的这种缩量下跌之后，股价会在某一个点位附近做长时间的窄幅横盘整理走势，经过数次反复筑底以后，股价最低点也日渐明朗，同时，由于成交金额逐渐萎缩至近期最低值，从而使股价走势出现低量低价的情况。

低量低价的趋势一般出现在个股长期底部的盘整阶段，但并不是所有的低量低价都是买入的阶段，只是说这个点位买入的安全性要大于初始下跌阶段的买入而已。在一只股票低量低价之后是否买入，投资者还要去研究该股的基本面、其他技术指标，以及未来业绩如何等，经过多方面综合分析之后，才能决定是否买入。

（3）低量低价后的两种可能走势。

①低量低价之后形成反弹走势，从此股价开始向上拉升。

如图3-22所示，智慧农业（000816）的走势图。从2019年10月（甚至更早）开始，该股经历了一年多的低量低价阶段。2020年10月30日该股出现放量，MACD指标在10月23日出现金叉走势。此时的低量低价可以说是一个绝对的买入机会，随后该股果真发动了一波强势上涨行情。至2020年11月13日，短短20个交易日，股价涨幅高达190%。

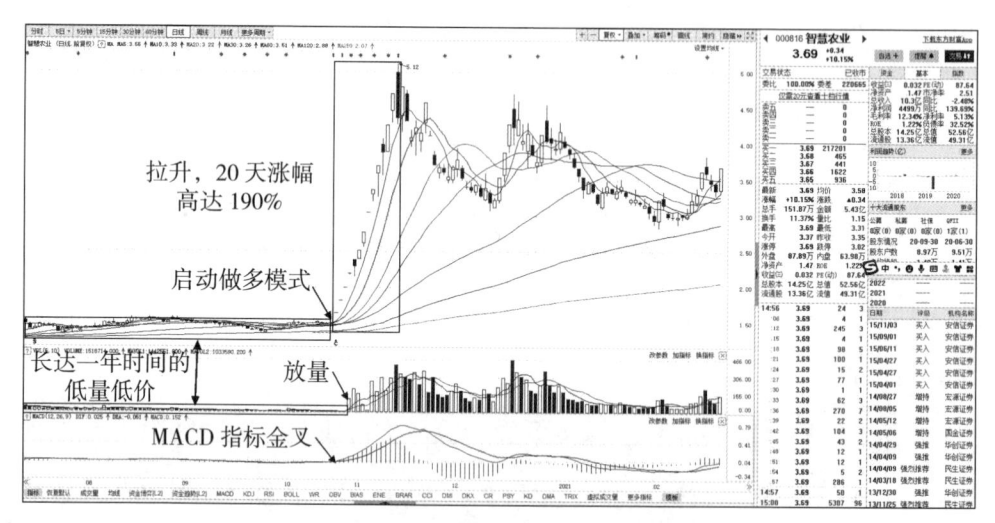

图3-22 智慧农业（000816）K线走势图

②低量低价之后股价跌破平台，继续下跌。

如图3-23所示，振华科技（000733）的走势图。该股股价在2022年6月

24日创出新高后，出现一波接近50%的下跌，但是随后经历了2023年7月7日到9月15日两个多月的低量低价整理之后，该股并没有走出上扬的行情，而是再一次破位下跌。到2024年2月4日，股价跌至40.36元的新低，相比2022年6月142元多的高价，股价已经跌去三分之二还多。

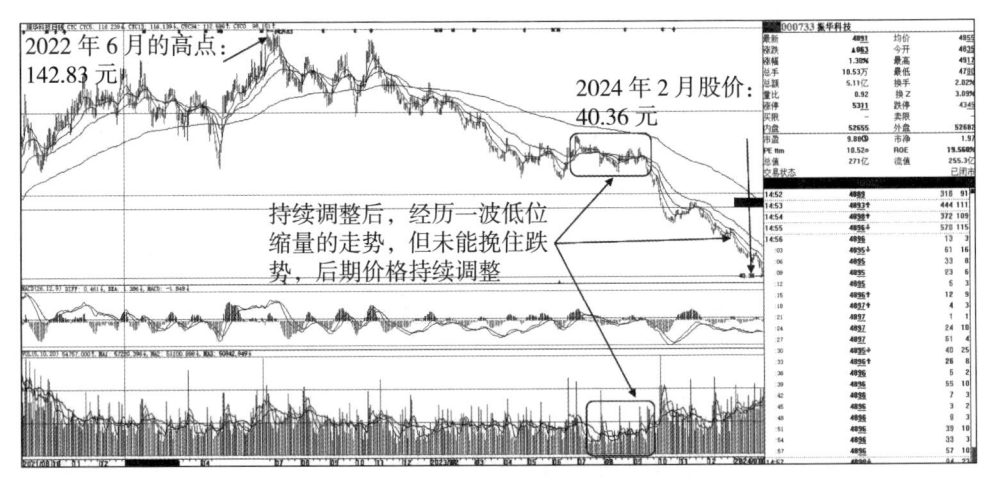

图3-23 振华科技（000733）K线走势图

2. 量价关系第二种：价涨量增

（1）价涨量增的含义。价涨量增主要是指大盘或者个股在价格上涨的同时，其成交量（额）也伴随着不断增加的一种情况。这种情况通常出现在上涨趋势的大盘或个股当中，大部分出现在上升行情初期，也有一部分出现在上升行情的中途阶段。

（2）价涨量增的成因。价涨量增一般出现在大盘或者个股经历了相当长一段时间的低迷和盘整之后，伴随着利好的不断释放，以及外围转暖等诸多利好因素，刺激投资者对未来市场的预期产生一个看好的判断，使得入场资金逐渐增多，市场交投开始逐步活跃起来。随着成交量（额）的放大和股价的同步上升，投资者短期内购买股票的欲望逐渐变得强烈起来，而能够获得利润的赚钱效应更是进一步激起了更多投资者的投资愿望。

与此同时，随着成交量（额）的逐渐放大，股价也开始缓慢向上攀升，股价走势呈现价涨量增的态势，这种价量之间的良好配合，对未来股价的进一步上扬形成了实质性支撑，市场或个股因此将会走出一波不错的行情。

（3）价涨量增的实例分析。

如图3-24所示，西安旅游（000610）的走势图。在2022年11月1日之前，该股经历了长达五个多月的低位低量低价走势。随着政策利好的不断释放，投资者对该股后市的走势开始看好，资金不断跟进。股价在量能增加的情况下，经过差不多两个月的时间，走出了价涨量增的走势，股价增幅将近两倍。

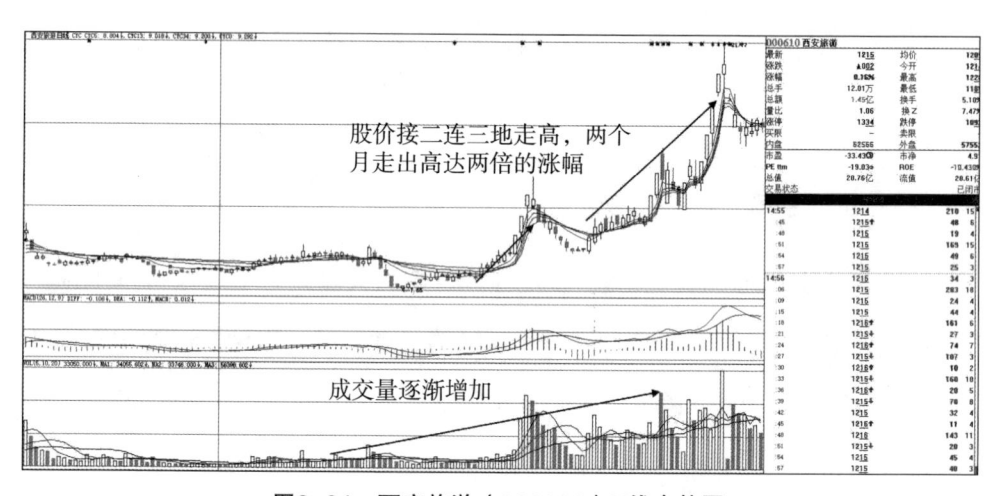

图3-24　西安旅游（000610）K线走势图

如图3-25所示，路畅科技（002813）的走势图。该股股价在2020年11月2日创下短期调整新低，随后展开了价涨量增的上涨行情，日线更是在2021年1月12日开启涨停板行情，短期涨幅喜人。

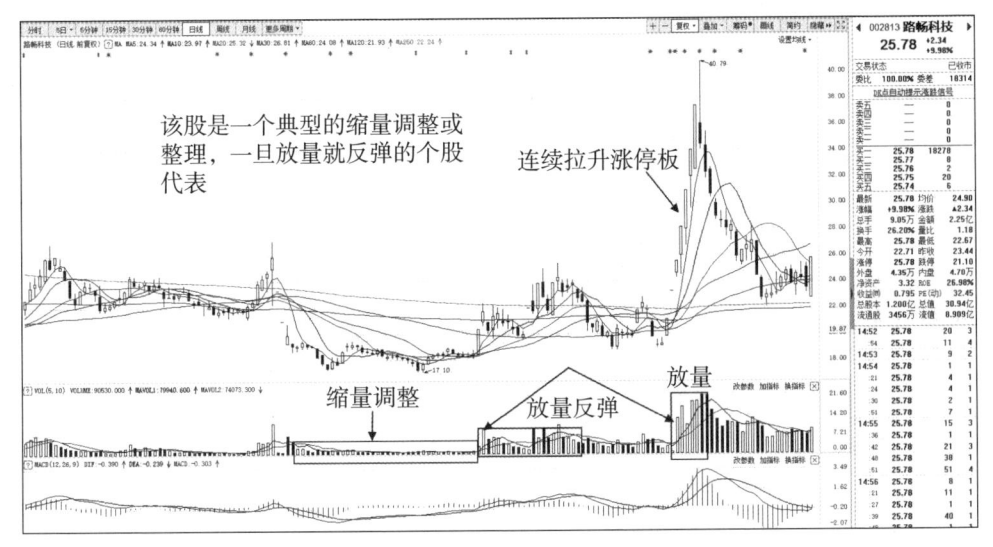

图3-25 路畅科技（002813）K线走势图

3. 量价关系第三种：量增价平

（1）量增价平的含义。量增价平指的是大盘或者个股在成交量不断放大的情况下，其指数或者股价并没有出现上涨的情况，而是在某一个极小的价格区域之间进行振荡。量增价平和低量低价通常出现在底部区域，价涨量增通常出现在上涨趋势之中，量增价平可以出现在不同的区域，既可以是上升途中，也可以是市场或个股下跌途中，因此量增价平既可以看作一个卖出信号，也可以看作一个买入信号，关键是看大盘或个股的价格是处于底部区域还是高位区域。这是研判量增价平情况出来之后是买还是卖的根本。

（2）量增价平的成因。主要分为两种：一种是低位区域出现量增价平的情况，这时候可以看作是资金在悄然建仓，大盘或个股出现放量滞涨的情况，最大的可能是主力还没有收集到足够的筹码，因而在成交量放大的同时并不急于拉升，而是控制股价继续收集筹码。一旦市场或个股出现量增价平的情况，投资者要密切关注其后面的走势，一旦出现上扬行情，则意味着主力建仓结束,随后该股将会走出一波不错的行情。

第二种出现量增价平的情况,是在大盘或者个股的高位区域,这时候可以看作主力是在不断地悄然出货。一旦个股出现这种情况,可以看作是主力手中的筹码还没有派发完毕,而其又想更多地获得利润,因此在不断出货放大成交量的同时,维持股价在高位区域横盘,从而达到继续派发的目的。一旦主力的筹码派发完毕,后市出现股价掉头向下的行情,可以看作是一波调整的结束,此时投资者应果断出局或者观望,而不要跟进买入,否则被套的可能性很大。

(3)量增价平的实例分析。

如图3-26所示,科融环境(300152)的走势图。该股在2020年7月3日开始出现量能在底部不断放大的情况,但是股价却持续未能出现强势的拉升。一直到2020年8月14日,主力在收集了足够多的筹码之后,开始出现上扬行情,随后该股在短短的19个交易日内成为了绝对的大牛股,股价接近翻倍。

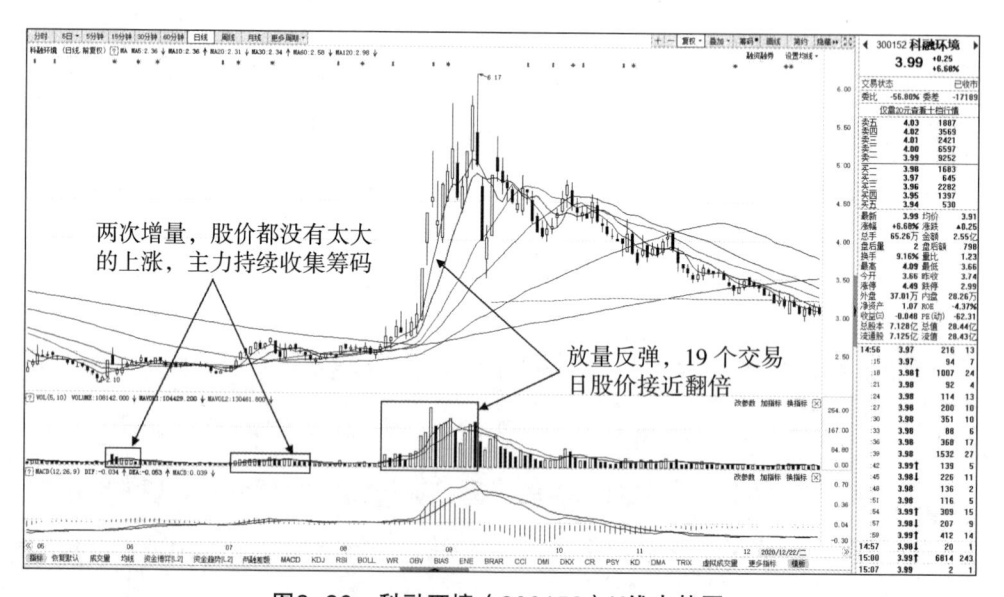

图3-26 科融环境(300152)K线走势图

如图3-27所示，中原环保（000544）的走势图。该股在2023年8月29日创出阶段新高之后，随后的交易日成交金额还在不断地有效放大，但是价格一直未能超过8月29日的新高。股价连续多个交易日一直处于量增价平的高位阶段，显然是一个主力派发筹码的过程。随后该股在主力派发筹码完毕之后，股价出现了一波回调。

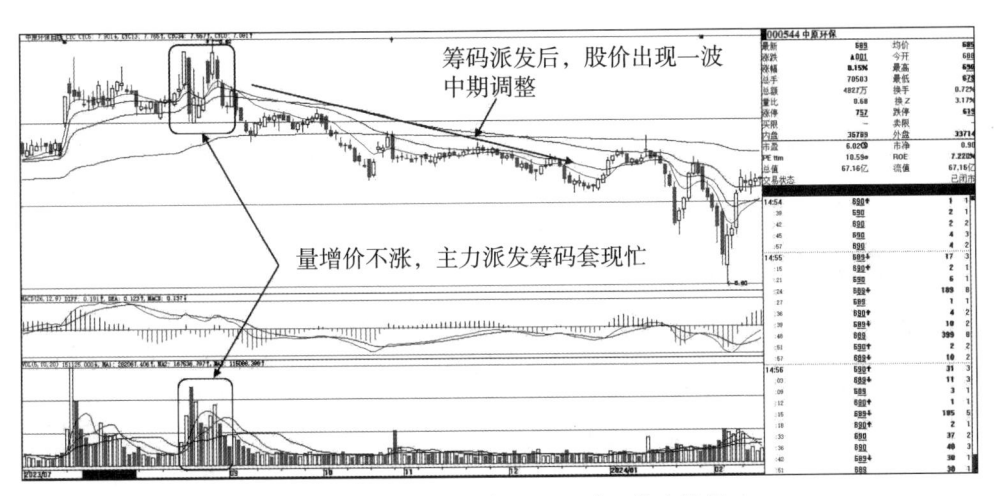

图3-27　中原环保（000544）K线走势图

4. 量价关系第四种：价涨量缩

（1）价涨量缩的含义。价涨量缩主要是指大盘或者个股在成交量逐渐减少的情况下，个股股价却不跌反涨的一种量价配合情况。

（2）价涨量缩的成因。价涨量缩通常出现在两种可能的极端情况下。第一种情况：如果是在一只股票或者大盘的底部出现价涨量缩的形态，说明投资者对后市不管是多头还是空头都一致看好，此时不愿意将手中的筹码抛出。因而，尽管成交量（额）十分之小，但是价格却能够出现大幅拉升的情形，而这种价涨量缩的情形还经常出现在一些慢牛个股中。

第二种情况：如果价涨量缩出现在大盘或者是某一只个股的顶部，说明该股已经被主力高度控盘，但是由于买家不想在高位买入，而卖家却又不想用下跌的方式卖出，因此价格维持在一个高位振荡上行，但是成交量（额）却出现萎缩。对于这种形态来说，一般是出货的可能性大，因此一旦出现这种价涨量缩的个股形态，投资者一定要回避。

总之，对于价涨量缩的行情，投资者应区别对待，一般以持股或持币观望为主。

（3）价涨量缩实例分析。

如图3-28所示，宏宇股份（002890）的走势图。该股在2019年8月8日到2019年12月20日期间，股价一直温和上涨，但是该股的成交量却相比之前大幅萎缩。一直到2020年9月，该股的成交量才再度超过前期高点，期间股价则是一路上行，不断创新高。

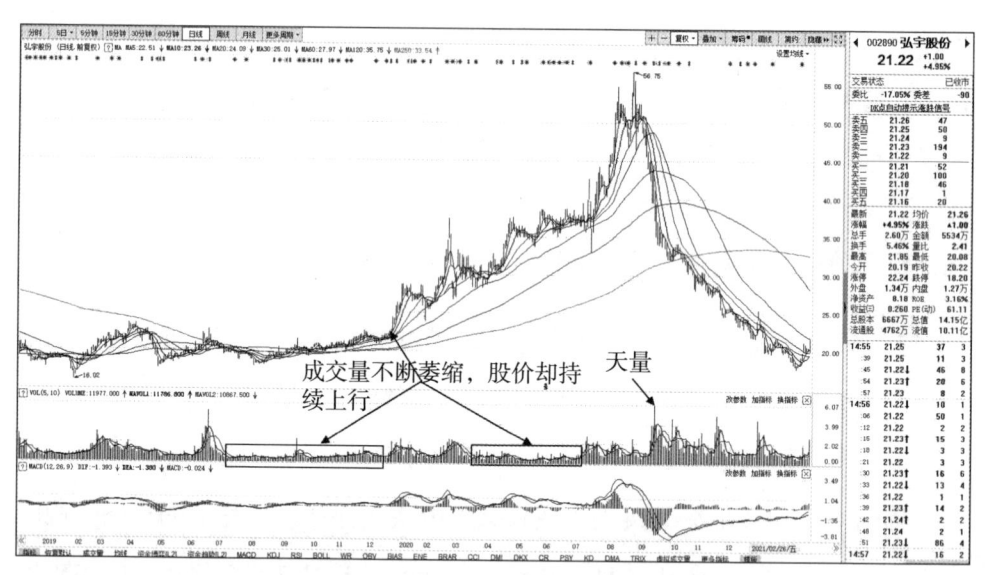

图3-28　宏宇股份（002890）K线走势图

如图3-29所示，兴业科技（002674）的走势图。以该股2020年4月到2020年8月的走势为例，该股在此期间也是一个相较于前期缩量而股价却不断上行的走势。

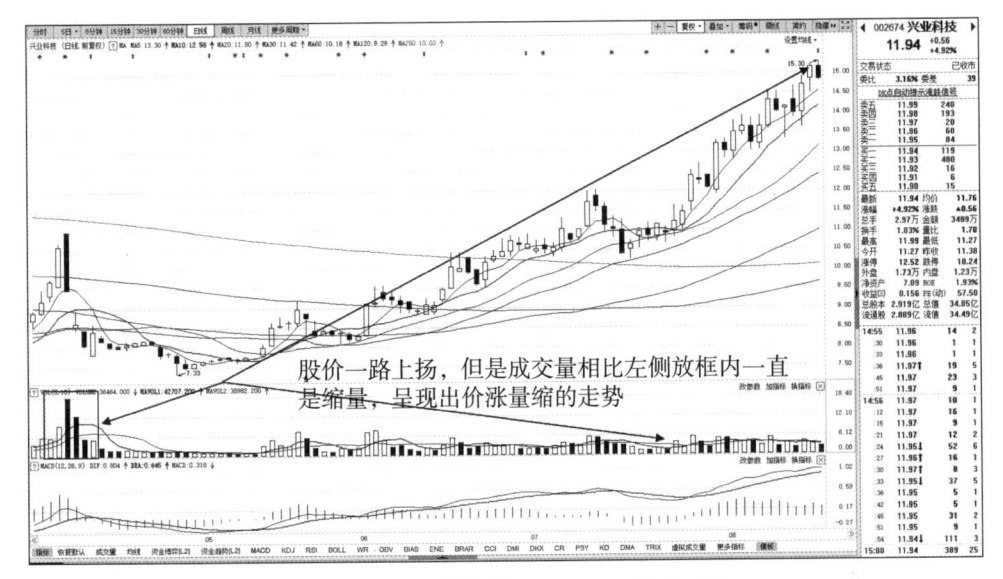

图3-29 兴业科技（002674）K线走势图

5. 量价关系第五种：价跌量增

（1）价跌量增的含义。价跌量增主要是指大盘或者个股在价格下跌的过程中出现成交量（额）明显放大的一种量价配合现象。价跌量增是一种典型的短线价量背离现象。

价跌量增现象大部分出现在下跌行情的初期，也有小部分出现在上升行情的初期。不过，价跌量增现象在上升行情和下降行情中的研判是不一样的。

（2）价跌量增的成因。价跌量增是一种典型的短线价量背离的现象，一般是由于多种因素造成的，其中当然也有可能是控盘主力故意制造的骗局。在研判价跌量增现象时，必须先研究这种现象所处的形态和具体方位才可决定。总体而言，价跌量增现象表明市场上的投资者已经看空后市行情，纷纷加入到抛售的行列中去，对于大部分投资者来说，短线应回避将要出现的更大风险，等待趋势明朗之后再行介入不迟。

（3）价跌量增的几种情况研判。

①高位价跌量增。当价跌量增处于某只个股的相对高位时，一般可以看

作行情已发展到了尾声，控盘主力在人气高涨的掩护下，开始拉高出货，从而引发了一系列的抛售风潮。面对突发性事态，投资者应当机立断，迅速卖出自己手中所持有的筹码，减少风险。

②低位价跌量增。在上升行情初期，有的股票也会出现价跌量增现象。当股价经过一段比较长时间的下跌和底部较长时间的盘整后，主力为了获取更多的低位筹码，采取边打压股价边吸货的手段，造成股价走势出现价跌量增现象。但这种现象也会随着买盘的逐渐增多、成交量（额）的同步上扬而消失，这种价跌量增现象是底部买入信号。

③突发事件的价跌量增。这种情况往往是突然出现某种重大的利空消息或其他不利因素的影响，中小投资者与控盘主力上演了一场多杀多的悲剧，纷纷夺路而逃，从而导致股价在巨大的抛压之下放量走低。

（4）价跌量增的实例分析。

高位价跌量增实例。如图3-30所示，万泽股份（000534）的走势图。

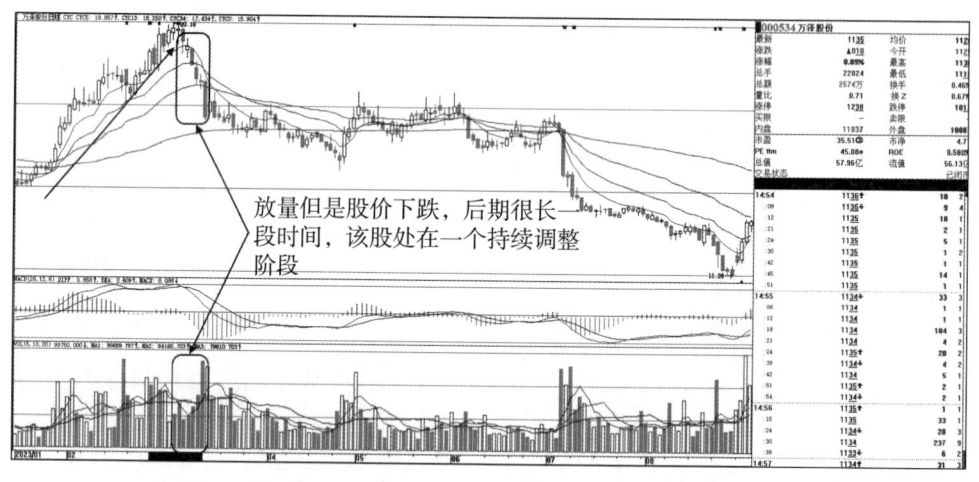

图3-30 万泽股份（000534）K线走势图

该股在2023年3月3日创出阶段新高之后，后期连续多日出现了价跌量增的走势。由于前期涨幅过大，这是一个明显的主力短线出货的态势，投资者要毫不犹豫地逢高出局。

低位价跌量增实例。如图3-31所示，湖北宜化（000422）的走势图。

该股在2021年9月14日创下阶段新高后，相比8月21日的那波拉升，出现一波量增价跌的洗盘要筹码的走势。后期该股在经历了短线的振荡后，在2021年10月12日再度启动，股价创出新高。

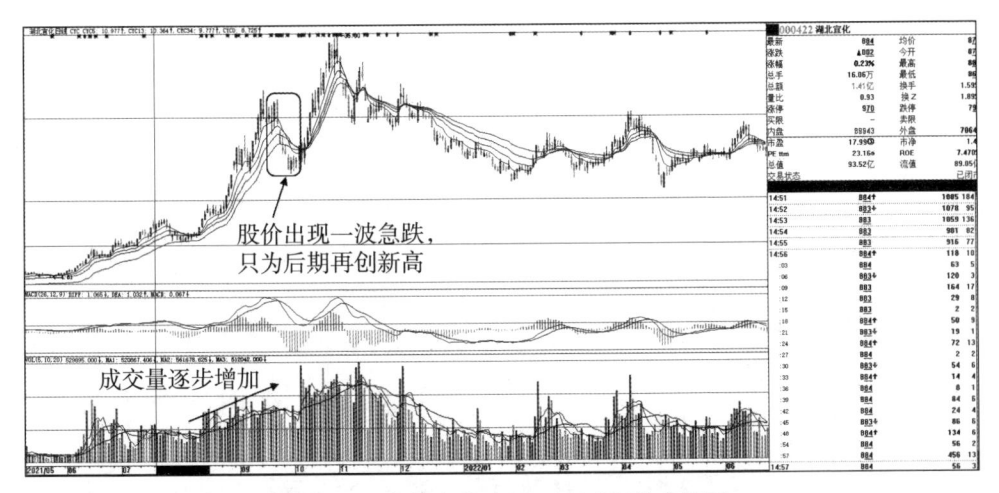

图3-31　湖北宜化（000422）K线走势图

突发利空价跌量增实例。如图3-32所示，全新好（000007）的走势图。该股在2020年12月2日出现跌停之前，一直在高位缩量整理，其后该股不断爆出有关部门监管、股权轮候冻结、诉讼案不断、股权被司法拍卖等一系列利空，最终导致该股后期的放量大跌。

6. 量价关系第六种：价跌量缩

（1）价跌量缩的含义。价跌量缩主要是指个股或者大盘在成交量（额）减少的同时，个股股价出现不同程度下跌的一种量价配合现象。价跌量缩也是股市一种常见的形态，和价涨量增恰好相反，意味着多空双方对后市一致不看好，因此出现了价跌量缩形态。这种情况说明市场或个股的买进力道减弱且人气涣散，做多者暂时不宜介入，因为这种情况下继续下跌的可能性较大，最好是等待下跌趋势被改变之后再做考虑。

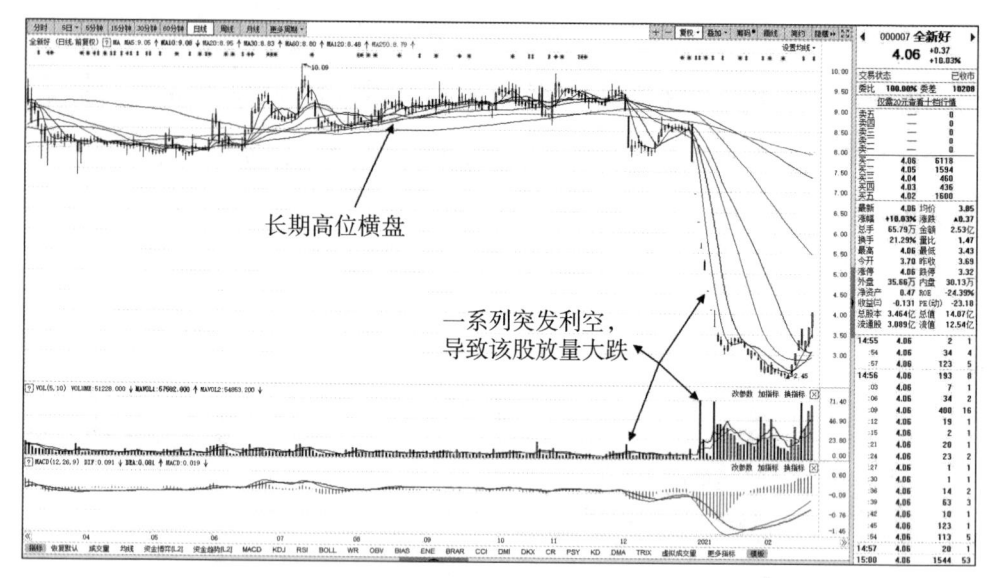

图3-32 全新好（000007）K线走势图

（2）价跌量缩的成因。价跌量缩一般出现在大盘或者个股经历了相当长一段时间的拉升或上涨之后，伴随着获利盘的不断增多，刺激投资者对未来市场的预期产生一个可能出现顶部的判断，使得入场资金逐渐减少，市场的交投开始逐步变得不活跃起来。随着成交量（额）的减少和股价的同步下跌，投资者短期内购买股票的欲望逐渐变得谨慎起来，而获利盘的抛压更是进一步激起了更多投资者的投资观望心态。

与此同时，随着成交量（额）的逐渐缩减，股价也开始缓慢向下探底，股价走势呈现价跌量缩的态势。这种价量之间的配合，对未来股价形成了进一步的真实压制，市场或个股因此将会走出一波寻底的行情。

（3）价跌量缩可能出现的位置分析。和价涨量增通常出现在个股的主升阶段不同，一般价跌量缩通常出现在顶部区域、底部区域、股价杀跌末期以及个股主升浪开始之前。

①顶部区域。如果在股价的顶部区域出现价跌量缩的情况，说明个股已被主力高度控盘，不是主力不想卖，而是主力找不到人接盘。于是主力任由

少量散户左右行情，或者见一个买家就往下面卖一点筹码，因此就出现了价跌量缩的现象。见此状况，交易者应始终回避，因为此时主力唯一的目的就是出货，只要有买家就不会放过交易的机会。

②底部区域。股价在一段时间里没有伴随市场出现大涨或者大跌，而是独立走出成交量（额）惨淡、股价涨跌两难的趋势。这种趋势一般意味着底部依然未能探明，所以导致更多的投资者会选择观望的态度，此时通常会出现量能跟随股价萎缩的情形。但是等到成交量（额）不再创新低并维持三日以上，再出现量增价涨走势时，意味着股价底部区域基本探明，此时股价有望结束价跌量缩的形态，进而出现上涨的走势。

③股价杀跌末期。个股经历长时间的一波杀跌之后，股价被主力打压得基本接近甚至跌破了主力可能承受的区域之后，此时由于套牢盘众多，更多的投资者不会再选择继续割肉的策略，而是选择观望甚至锁仓的方式，等待态势进一步明朗。因此将会出现成交量（额）极度低迷的现象，而且股价也可能进一步随之窄幅下跌。

④主升浪开始之前。这种现象可以理解为主力故意布下的迷魂阵，目的就是给投资者造成一种假象，让更多的投资者认为该股近期不会有什么大行情，因而选择观望或者抛售，导致交投极其清淡，而此时主力却对抛出的股票照单全收，因此会出现价跌量缩的现象。但是这种现象一旦出现量能放大、股价上扬，就将是另一种形态——价涨量增，进而进入一个可以买进持股待涨的形态。

（4）价跌量缩实例分析。

顶部区域的价跌量缩。如图3-33所示，浙江新能（600032）的走势图。该股在2023年5月25日创下阶段新高，但是由于买盘力道不足，导致该股出现了一波高位价跌量缩的走势，主力出货迹象明显，随后更是伴随着交易金额的不断缩减，交投的不活跃，该股继续价跌量缩。直到2024年的2月6日该股创出新低，日线才出现企稳。

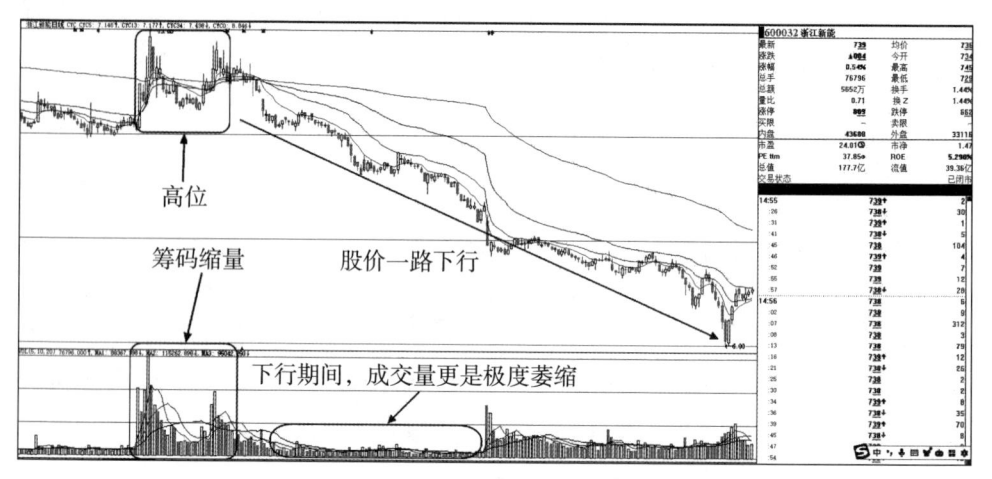

图3-33　浙江新能（600032）K线走势图

如图3-34所示，九鼎投资（600053）的股价在2023年11月21日和2024年1月14日底部启动之前，均出现了底部的价跌量缩走势。在成交量萎缩的同时，出现MACD指标金叉，发出买入信号。此时投资者要坚决买入，否则就会错过两次非常好的收益。

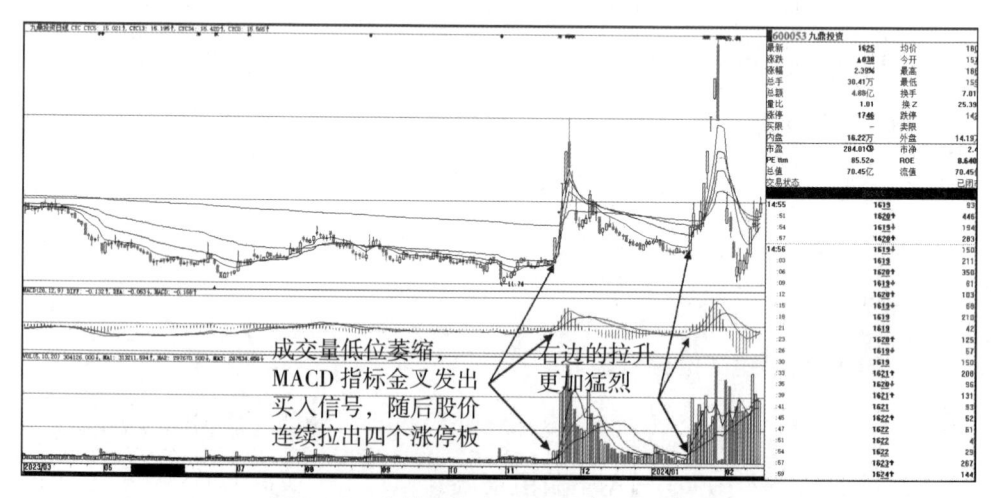

图3-34　九鼎投资（600053）K线走势图

五、AMO指标和MACD指标的配合使用

将MACD指标与AMO指标相结合判断买卖点，盘面最好满足以下三个条件再考虑进场。

（1）成交金额连续放量，最好三天以上为佳。

（2）在日线形态上，出现一根或者几根K线突破前期的位置。

（3）MACD指标的两条线金叉位置距离0轴不能太远。

如图3-35所示，润禾材料（300727）的走势图。该股在2020年10月15日出现放量，MACD指标在0轴附近金叉，此后五个交易日股价涨幅高达25%。11月13日，MACD指标在0轴之上再度走出死叉后再金叉的走势，成交额伴随着金叉再度出现放量，第二波拉升开始。

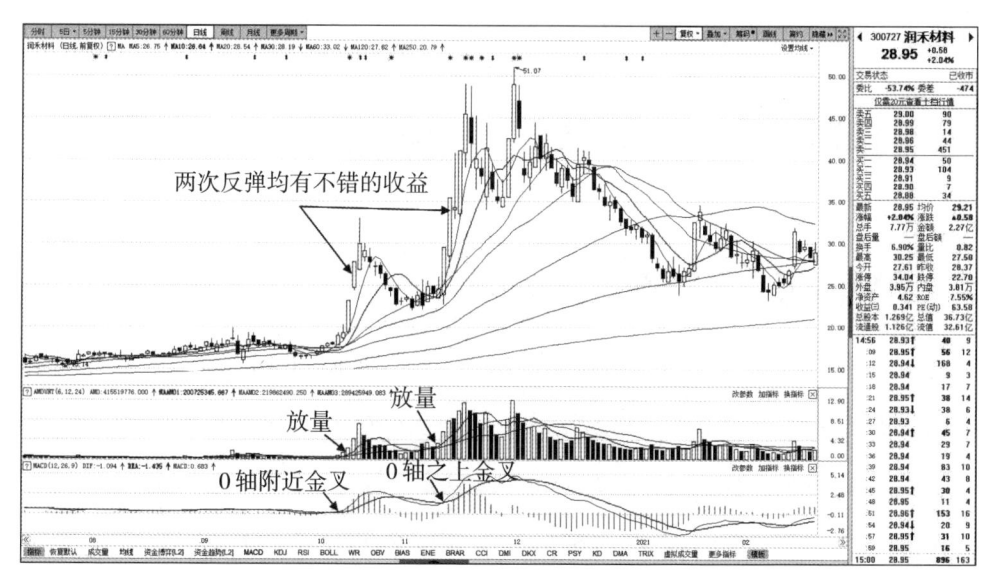

图3-35 润禾材料（300727）K线走势图

如图3-36所示，青青稞酒（002646）的走势图。该股在2020年10月23日出现第一次成交金额的放大，此后成交额不断出现放大的情况。连续增加成交金额后，该股在11月11日再度放大成交金额，股价出现拉升，此时MACD指标的两条线已经金叉。此时买入，短短9个交易日，股价涨幅高达80%。

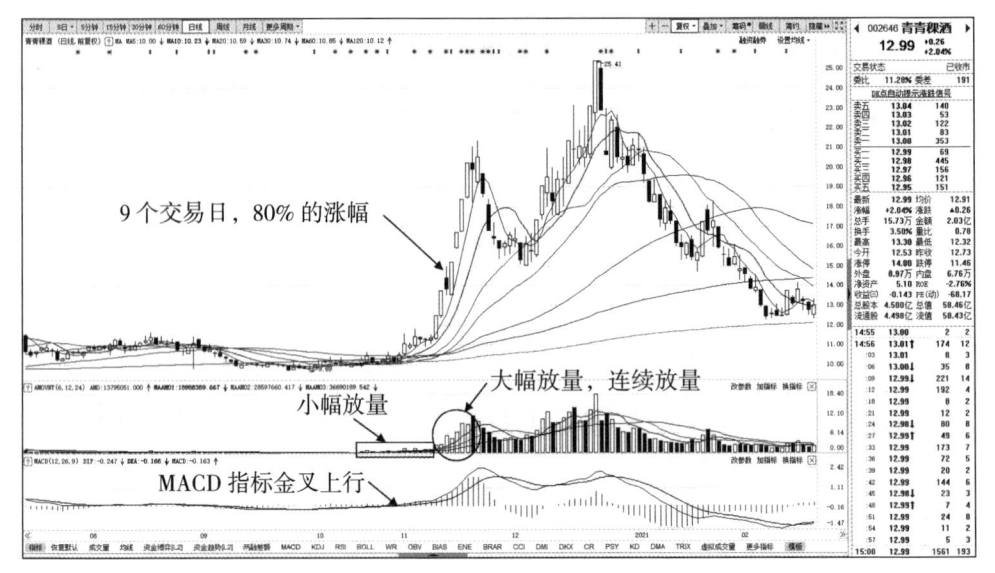

图3-36　青青稞酒（002646）K线走势图

第四节　MACD指标的黄金搭档CYC指标

一、CYC指标设置和各条线的意义

CYC指标，即成本均线，是在均线MA指标的基础上增加了成本分析后所得到的一种技术指标，其基本用法也和均线MA或EMA类似。

通常情况下，我们给CYC指标设置5日、13日、34日及∞(无穷)四条线，和均线类似，CYC指标按照周期也可以分为日线、周线及月线。如图3-37所示，图中箭头1所指是5日线，箭头2是13日线，箭头3是34日线，箭头4是∞(无穷)线。

5日、13日、34日成本均线分别代表5日、13日、34日的市场平均建仓成本。如某日34日成本均线为20.50元，表示34日以来买入该只股票的人平均成本为20.50元。无限长的成本均线则表示市场上所有股票的平均建仓成本。

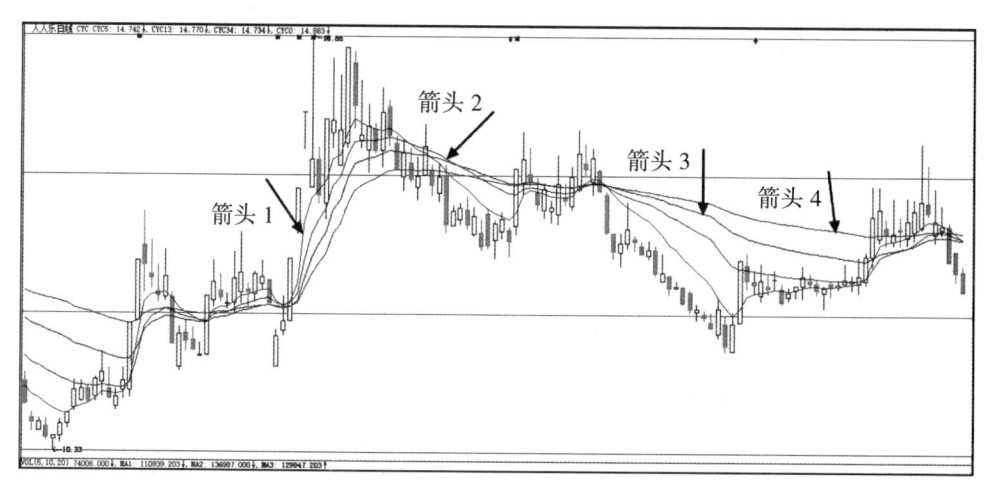

图3-37　CYC指标

成本均线中最重要的一条是∞成本均线，它是市场牛熊的重要分水岭，股价在此之上，投资者往往会采取追涨的方式操作，是牛市行情；股价在此之下，投资者往往会采取逢高减仓或者割肉的方式操作，是熊市行情。34日成本均线也有较好的支撑和压力作用，中等力度的回调一般都无法突破34日成本均线。短期成本均线随价格波动比较明显，支撑和压力作用减弱，但比较起来仍比同时间的移动平均线的表现好。

在四条不同时间周期的成本均线中，还可以增加一条60日成本均线。这条新增加的60日成本均线主要是针对当下的大盘股。

二、移动平均线与成本均线的区别

移动平均线指的是N日的股票收盘价相加除以N，代表的是N日股价趋势情况，它的价值是告诉投资者目前的趋势是否已经被破坏还是维持完好。

成本均线是把成交量加在均线里粗略地估计市场成本的一种线，它的价值在于投资者可以了解目前的价位上短线以及中线投资者的获利或者亏损情况，从而根据市场的抛压情况判断持股者的性质。

三、成本均线的三种排列形式

和移动平均线的排列形式一样，我们也把短期均线在上，中长期均线在下，按照CYC5、CYC13、CYC34、CYC60、CYC∞的方式排列称为多头排列；把按照CYC∞、CYC60、CYC34、CYC13、CYC5的方式排列称为空头排列；把它们之间的无序排列称为振荡行情。

四、成本均线的主要作用

成交均线的主要作用有如下几点。

（1）判断行情的牛熊市。

（2）判断个股的上涨和下跌。

（3）在牛市或者牛股中，均线对指数和股价具有支撑作用；在熊市或者熊股中，均线对指数和股价具有压力作用。

（4）区分主力震仓、整理或出货。

五、利用CYC指标和MACD指标结合抓牛股

利用CYC指标和MACD指标选出大牛股的条件如下。

（1）股价放量突破34日成本均线，站稳34日线后，就有了连续向上涨升的基础，主力也会加速拉升。

（2）成交量放大，最好比启动前有一倍以上的放量。

（3）MACD指标出现金叉（0轴之上和之下均可）。

如图3-38所示，煌上煌（002695）的走势图。该股在2020年2月19日出现MACD指标金叉，此后2月25日股价站上34日线，而成交额也是明显放量，符合选股条件。此后七个月时间，该股涨幅高达1.7倍。

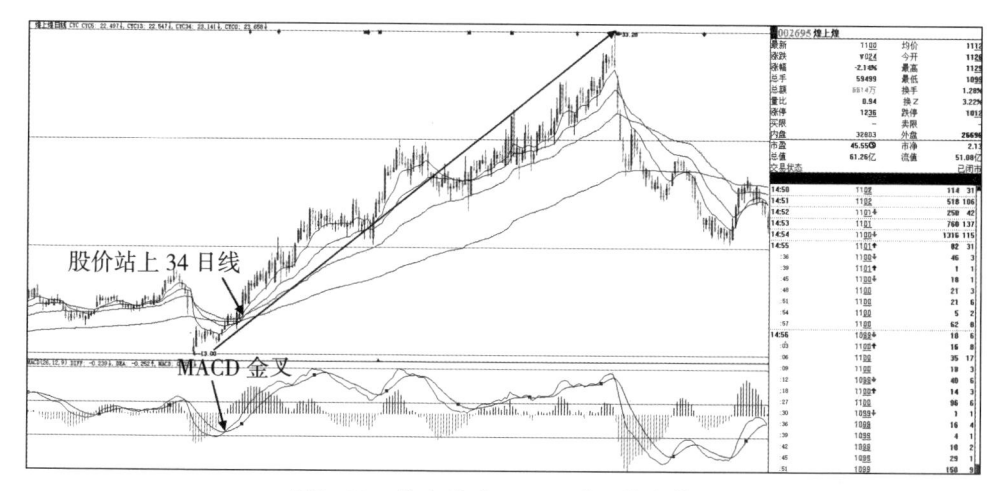

图3-38 煌上煌（002695）K线走势图

第五节 MACD 指标的黄金搭档 CCI 指标

一、认识CCI指标

CCI指标也叫顺势指标，是美国股市技术分析家唐纳德·蓝伯特（Donald Lambert）于20世纪80年代提出的，专门测量股价、外汇或贵金属交易是否已超出常态分布范围，属于超买超卖类指标中较特殊的一种。

（1）CCI指标和其他超买超卖类指标相比有着自己的独特之处。KDJ、W%R等大多数超买超卖指标都有"0～100"的上下界限，CCI指标却是波动于正无穷大到负无穷大之间，因此不会出现指标钝化现象。CCI指标不适用于一般常态行情的研判，而更适用于那些短期内暴涨暴跌的股票价格走势的研判。

（2）CCI指标也包括日CCI指标、周CCI指标、年CCI指标以及分钟CCI指标等多种类型。经常被用于股市研判的是日CCI指标和周CCI指标。

与MACD、RSI、KDJ等指标一样，CCI指标也是技术分析最常见的参考指标之一。

二、CCI指标的运行区间和用法

（1）CCI指标的运行区间分为三类：+100以上为超买区，-100以下为超卖区，+100到-100之间为振荡区，但是该指标在这三个区域当中的运行所包含的技术含义与其他技术指标超买与超卖的定义是不同的。

①在+100到-100之间的振荡区，该指标基本上没有意义，不能对大盘及个股的操作提供多少明确的建议，因此它在正常情况下是无效的。

②当CCI曲线向上突破+100线而进入非常态区间时，表明股价开始进入强势状态，投资者应及时买入股票。

③当CCI曲线向下突破-100线而进入另一个非常态区间时，表明股价的弱势状态已经形成，投资者应以持币观望为主。

（2）CCI指标的背离是指CCI指标曲线的走势和股价K线图的走势方向正好相反。CCI指标的背离分为顶背离和底背离两种。与MACD、KDJ等指标的背离现象研判一样，CCI指标的背离中，顶背离的研判准确性要高于底背离。

（3）CCI曲线的形态中，M头和三重顶形态的准确性要大于W底和三重底。

三、MACD指标+CCI指标的黄金组合

在实战操作中，趋势类指标MACD+摆荡类指标CCI，二者一文一武，一动一静，MACD指标定方向，CCI指标定介入点；MACD指标为主，CCI指标为辅。两个指标会引起共鸣互相参照，可以提高指标数据信号的实效性，可谓是最佳拍档。

1. MACD指标+CCI指标组合的买点参考

（1）MACD指标中的DIFF和DEA均在0轴上方，形成MACD图形中的金叉（0轴之下的金叉也可以作为参考）。

（2）图形处于绿柱区间变为红柱区间（负转正）的阶段。

（3）CCI指标中的CCI线（白线）形成在-100数值附近的回升趋势或者CCI线（白线）形成在+100数值附近的上升突破趋势。

如图3-39所示，亿联网络（300628）的走势图。该股在2021年1月12日出现MACD指标在0轴之上的金叉，14日该股的CCI指标超过+100，呈现出加速上涨的趋势，当天该指标值一度高达220，符合买入要求。如果当天逢低介入，此后21个交易日内，该股所在的板块下跌接近7%，而该股涨幅则是超过20%，远远跑赢市场。

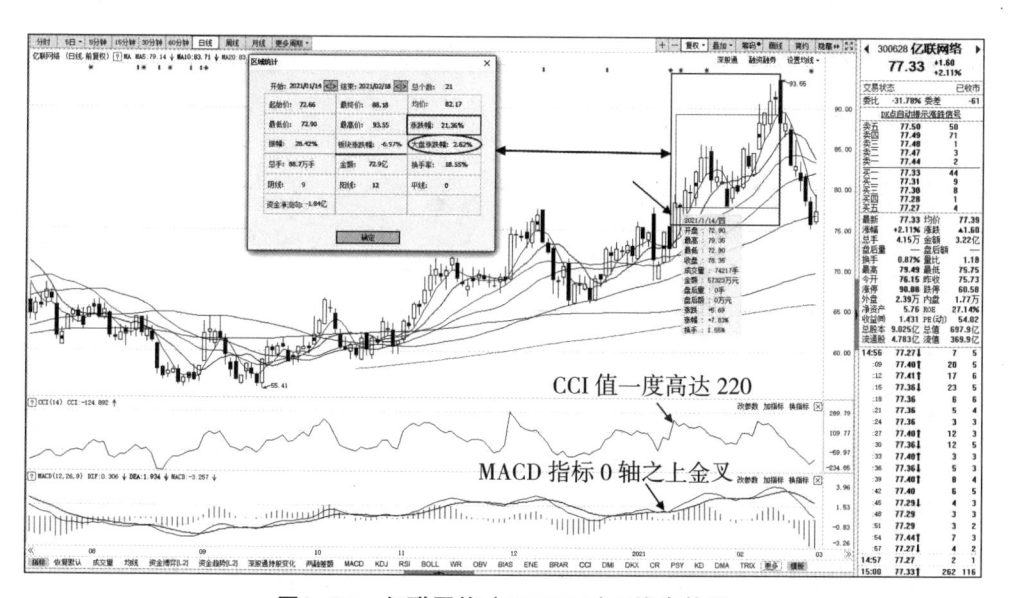

图3-39　亿联网络（300628）K线走势图

如图3-40所示，恩捷股份（002812）的走势图。该股在2020年11月26日CCI指标值出现了小于-100的情况，当天该值一度达到-190多。此后连续多日该指标的值均在-100，不久后MACD指标出现0轴之上的金叉，图形处

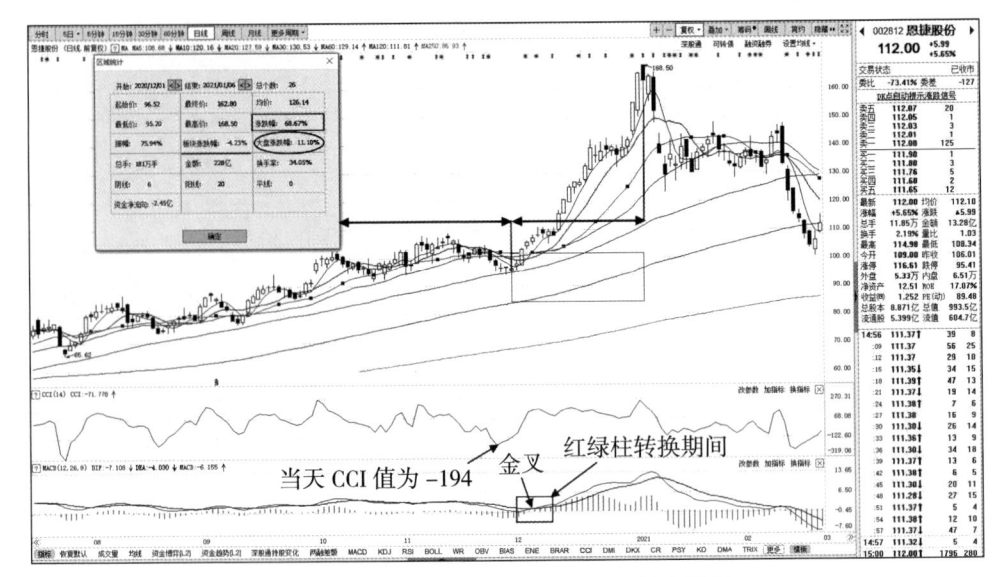

图3-40 恩捷股份（002812）K线走势图

于绿柱区间变为红柱区间（负转正）的阶段，意味着买点出现。此后从12月1日开始的26个交易日，该股所在的板块下跌4.23%，大盘上涨11.10%，该股涨幅高达68.67%。

2. MACD指标+CCI指标组合的卖点参考

（1）MACD技术指标中，DIFF和DEA均在0轴下方，DIFF下穿DEA，形成MACD图形中的死叉。

（2）图形处于红柱区间变为绿柱区间（正转负）的阶段。

（3）CCI指标线在+100数值的下降趋势或者持续下跌临近-100数值，形成下跌趋势。

如图3-41所示，万集科技（300552）的走势图。该股在2021年1月25日出现了MACD高位死叉迹象，此后该股的能量柱由红变绿，DIFF和DEA线先后跌破0轴。与此同时，另一个指标CCI的值在25日当天呈现出跌破+100后加速下跌的趋势，最低高达-247。综合分析，此时投资者应该果断出局，否则短期的下跌会造成不小的损失。

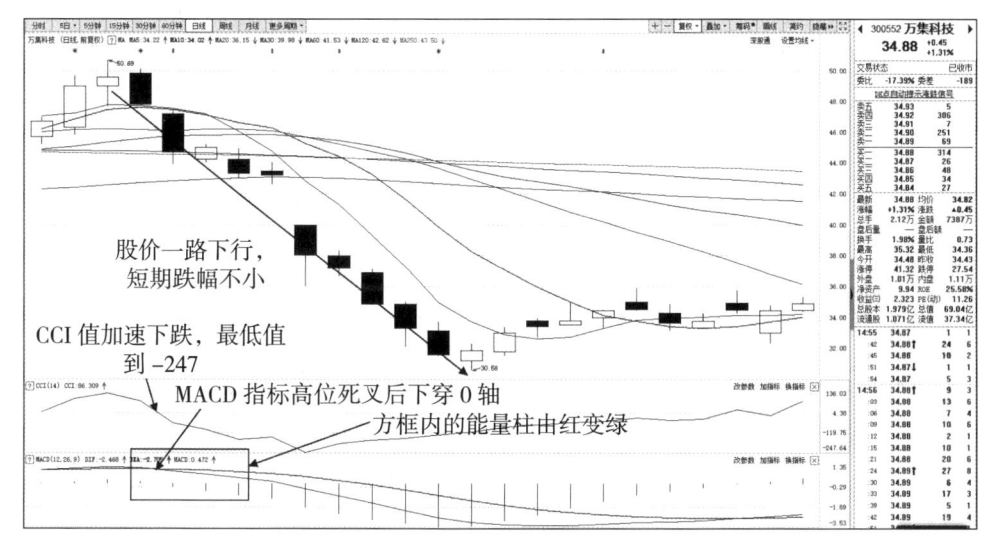

图3-41　万集科技（300552）K线走势图

综上所述，不难看出，在MACD指标和CCI指标配合使用的过程中，是以MACD性能指标为主导的，它和CCI指标有一种互相参照的作用。

第六节　MACD 指标的黄金搭档 RSI 指标

一、认识RSI指标

RSI指标即相对强弱指标，是由美国技术分析大师威尔斯·威尔德（Welles Wilder）提出的，是衡量证券自身内在相对强度的指标。

RSI指标是根据一定时期内股价上涨和下跌幅度之和的比率制作出的一种技术曲线，能够反映出市场在一定时期内的景气程度。

（1）RSI指标的使用方法与移动平均线的法则完全相同。

①短期RSI线在长期RSI线之上时，是多头市场。

②短期RSI线在长期RSI线之下时，是空头市场。

③短期RSI线在低位向上突破长期RSI线，是买入信号。

④短期RSI线在高位向下跌破长期RSI线，是卖出信号。

（2）RSI值在0到100之间分成了"极弱""弱""强"到"极强"四个区域。"强""弱"以50作为分界线，但"极弱"和"弱"之间以及"强"和"极强"之间的界限，则要随着RSI参数的变化而变化。

（3）指标构成。

RSI指标有三条曲线构成，分别是6日、12日和24日曲线。短期RSI是指参数相对小的RSI，长期RSI是指参数相对较长的RSI。比如，6日RSI和24日RSI中，6日RSI即为短期RSI，24日RSI即为长期RSI。长短期RSI线的交叉情况可以作为研判行情的方法。

二、实战意义

（1）RSI指标的参数在0到100之间，可以表述为$0 \leqslant RSI \leqslant 100$。RSI=50为强势市场与弱势市场的分界点。

（2）RSI>80为超买区，市势回挡的机会增加；RSI<20为超卖区，市势反弹的机会增加。

（3）通常情况下，RSI掉头向下为卖出信号，RSI掉头向上为买入信号。

（4）RSI指标的M形走向是超买区常见的见顶形态，RSI指标的W形走向是超卖区常见的见底形态。这时往往可见RSI指标走向与价格走向发生背离，所以背离现象也是一种买卖信号。

（5）跌破支撑线为卖出信号，升穿压力线为买入信号。

（6）RSI指标上穿50分界线为买入信号，下破50分界线为卖出信号。

（7）N日RSI的N值常见取5~14日。N值越大，趋势感越强，但有反应滞后倾向，称为慢速线；N值越小，对变化越敏感，但易产生飘忽不定的感觉，称为快速线。因此，可将慢速线与快速线比较观察，若两线同向上，升势较强；若两线同向下，跌势较强。若快速线上穿慢速线，为买入信号；若快速线下穿慢速线，为卖出信号。

三、MACD指标+RSI指标组合买卖战法

1. MACD指标+RSI指标组合买点参考

（1）MACD指标中DIFF和DEA在0轴上方（下方亦可）金叉。

（2）图形处于绿柱区间变为红柱区间（负转正）的阶段。

（3）RSI指标技术图形的6日曲线上穿12日和24日曲线，且6日曲线在80数值附近振荡，随后突破80数值，持续突破形成上涨趋势。

如图3-42所示，光大证券（601788）的走势图。该股在2020年6月17日出现RSI指标金叉现象，6月19日，该股RSI指标中的6日曲线突破80后快速上行。与此同时，该股MACD指标的两条曲线在0轴之上金叉，形成一个完美的买点。此时投资者应果断进场，随后很短的时间，该股涨幅高达两倍。

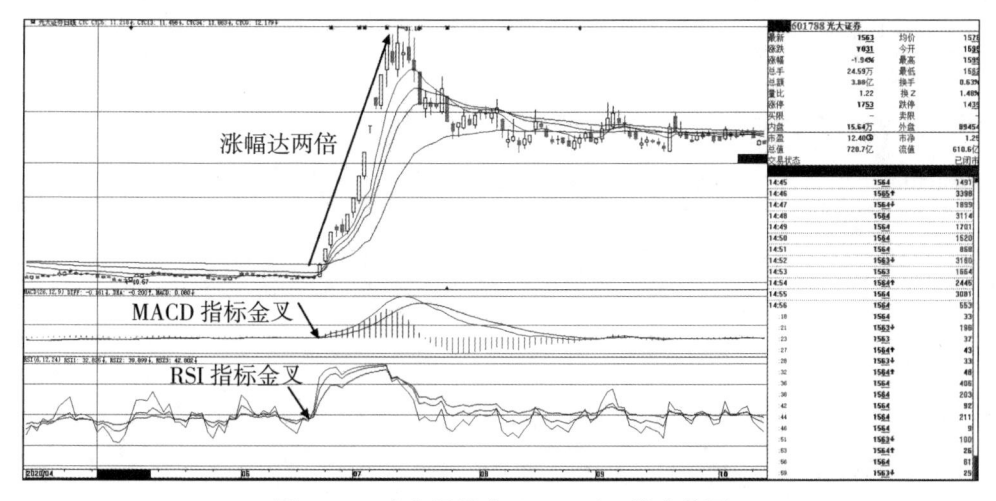

图3-42　光大证券（601788）K线走势图

2. MACD指标+RSI指标组合卖点参考

（1）MACD指标中DIFF和DEA在0轴上方死叉。

（2）图形处于红柱区间变为绿柱区间（正转负）的阶段。

（3）RSI指标技术图形的6日曲线下穿12日和24日曲线，且6日曲线在RSI数值20附近振荡或跌破20后持续杀跌，形成调整趋势。

如图3-43所示，开润股份（300577）的走势图。该股在2020年11月17日开启的一波下跌中，先后出现了MACD指标的两条线在0轴之上死叉、能量柱由红变绿、RSI指标的6日曲线回到20附近，并在其后跌破20的状况，其对应的股价也毫不犹豫地出现持续调整，一直到2021年8月9日前后才见底企稳。

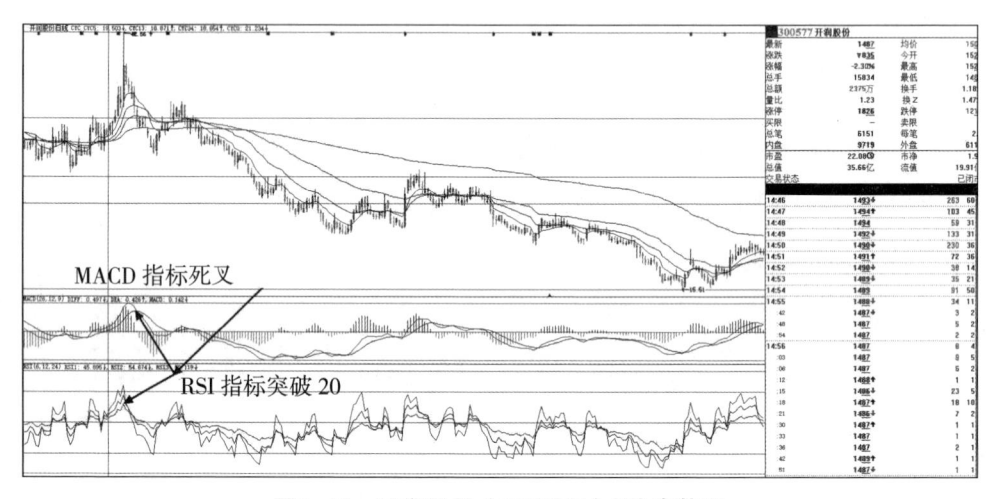

图3-43　开润股份（300577）K线走势图

第四章
MACD 指标的应用

第一节　短线 15 分钟 MACD+KDJ

在股票市场里，任何一种战法的使用都要N个条件结合起来才更有效。只有一个指标的短线战法，失败率太高，成功率也不稳定，80%都靠运气。

再好的指标不会应用也是废指标，在多年的投资实践中，笔者认为，将MACD和KDJ这两个指标结合起来使用，效果比较好，本节就具体讲一下15分钟背离法的应用技巧。

用15分钟操作是超级短线的炒股方法，买入后视情况决定持股时间，但最多持股时间不超过5天，即一周。如果买入后第二天达到2%或一周内最高价达到5%，即为操作成功；一周内亏损达到-5%，即为失败。

一、三个买入条件

条件一：股价回调到重要均线止跌。

条件二：KDJ指标必须在底部金叉或即将金叉。

条件三：MACD指标在底部发生背离。

以上三个条件相辅相成，至少需要具备两个条件，最好是三个条件都具备，操作熟练之后再灵活应用，初用此法还是以满足三个条件为佳。

（1）第一个条件含有三个含义。其一股价是回调的，不是追涨。其二是股价回调到重要均线处，重要均线是什么？在笔者的均线系统里，15分钟周期均线的设置参数是10，30，60，120共四条均线，其中重要均线是30日均线和120日均线，前者最重要，10日和60日均线是辅助均线。其三是股价回调到重要均线时止跌，这个很重要，并不是所有股价回调到重要均线时都能止跌，止跌的意思是要3～5根K线不穿过重要均线，或即使穿过也离重要均线不远，是紧贴的。

（2）第二个条件：KDJ指标必须在底部金叉或即将金叉。KDJ指标在底部，说明市场超卖，行情即将逆转，单独具备此条件不构成买入建议，因为即使KDJ在底部，也可能在底部钝化，因此还要结合其他两个条件才行。

（3）第三个条件：MACD指标在底部发生底背离，这是买入信号。

如图4-1所示，东方财富（300059）某一时段15分钟K线图。图中下方两个箭头处的KDJ指标金叉，上方股价回到重要支撑位120日线附近，符合买入条件中的两个，超短线买点成立。

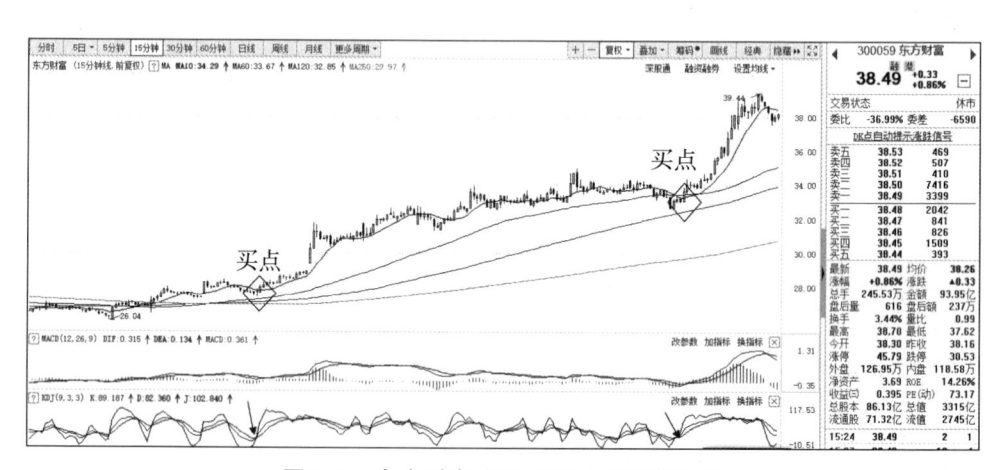

图4-1 东方财富（300059）K线走势图

如图4-2所示，正海磁材（300224）某一时段15分钟K线图。股价同时满足MACD指标背离，KDJ指标金叉或者即将金叉，股价回到重要支撑位，买点出现。

二、注意事项

15分钟MACD+KDJ操作，只适合超短线和有时间看盘的投资者，对于没有时间看盘的投资者和中长线投资者来说，这个操作技巧并不适合。

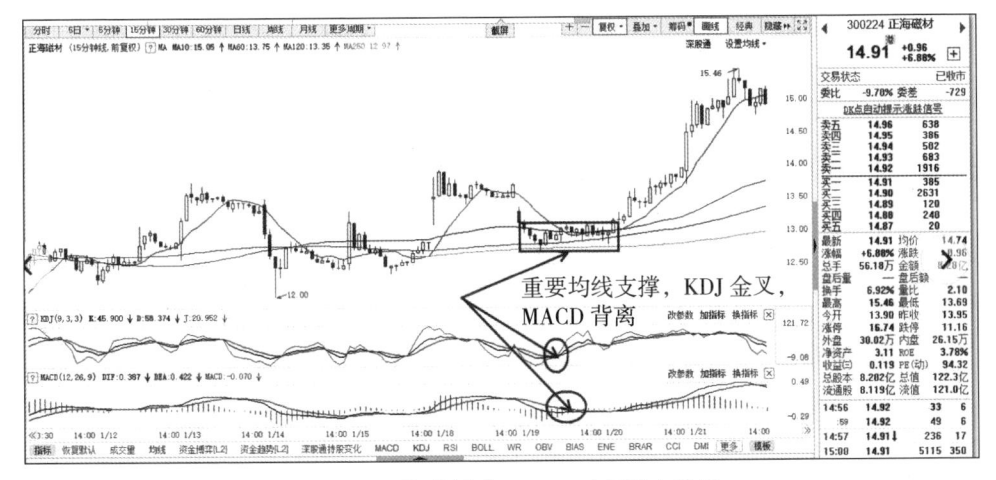

图4-2 正海磁材（300224）K线走势图

第二节 60分钟MACD指标的买入技巧

投资者进行短线甚至超短线交易时，除了要关注15分钟的技术形态之外，30分钟、60分钟的技术形态也需要关注，实战中尤以60分钟图表兼具稳定性及迅捷性两大特点，是承前启后的短线技术买点。

一、60分钟MACD指标的买入原则

1. 买入的前提条件

（1）大盘企稳或上涨。

（2）个股处于上升通道。

60分钟属于短期波动，而MACD指标属于中期趋势研判指标，60分钟MACD作为短周期的中线指标，是极佳的超级短线买入参考。

2. 买入原则

（1）选择短期成交量放大一倍，日换手率在5%以上，涨幅超过6%的个股为佳（最好是涨停的个股）。

（2）发现目标后不急于买入，打开60分钟K线图，对MACD指标进行跟踪观察，在股价回调到重要支撑位时再择机介入。

（3）如果该股放出天量后短线冲高，等待后期的缩量回调，可以将其B浪调整的结束点作为短线买入点。这个点位能够保证一买就涨，充分发挥短线效率。

（4）买在金叉前。MACD指标在0值以下为弱势区域（即DIFF、DEA在0值以下，柱子为绿柱），此时主要观察白线的运行趋势，而不是观察绿柱伸长还是缩短。因为此时趋势还是向下的，绿柱即使缩短，也还可能又变长。当DIFF开始拐头转为向上，而在此之前绿柱已经缩短时，可以考虑买入，在DIFF线和DEA线将要形成金叉前买入。

（5）金叉回调原则。如果MACD指标已经金叉，绿柱已经变成红柱，DIFF线、DEA线还在0值以下时，可以买入，但如果股价已上涨很多，应等股价回调时再买入。一般来说，从60分钟图上来看，上涨2~4个小时后即会回调1~2个小时。

（6）强势绿柱缩短原则。DIFF线、DEA线处于强势区，如果绿柱缩短规律明显，呈圆弧状（而不是忽长忽短不规则），且大盘趋势向上时，应在绿柱未转红时买入，而不应等到绿柱变成红柱时再买入。

（7）DIFF向上穿越DEA线，已经形成金叉，股价快速上涨，DIFF线、DEA线向上发散时，要立即买入，不能延误，如果已经延误了1个小时以上，则不可买入，需等待回调再买入。

（8）60分钟MACD指标的应用遵循两大原则：背离原则和交叉原则。

（9）获利5%之上，或MACD指标红柱缩短，则了结。

如图4-3所示，金博股份（688598）的日线图。2020年12月1日，该股以一根中阳线开始底部做多模式，同时MACD指标的DIFF线运行到DEA线之上。到12月21日，该股的圆弧底形成，MACD指标沿着右上方15度角倾斜上扬，同时红柱逐渐放大。

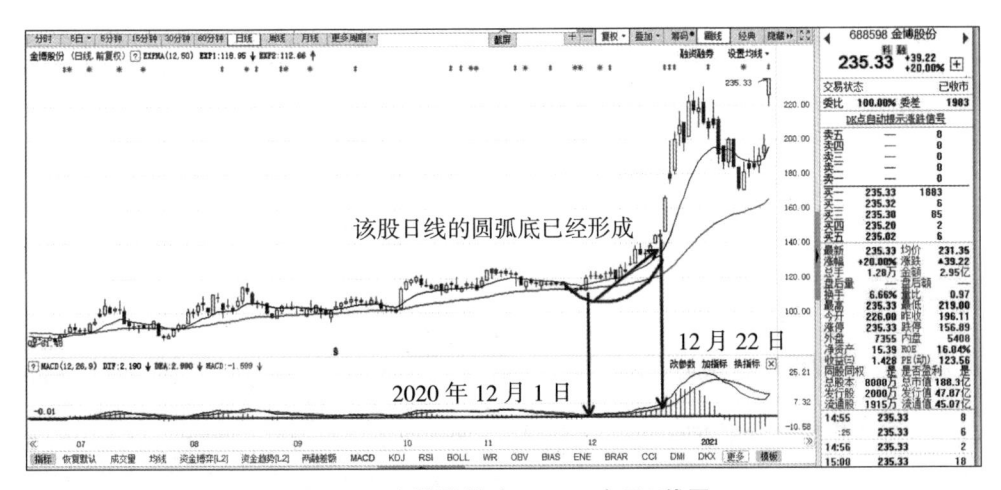

图4-3　金博股份（688598）日K线图

此时观察该股的60分钟K线图，如图4-4所示，在12月22日下午两个小

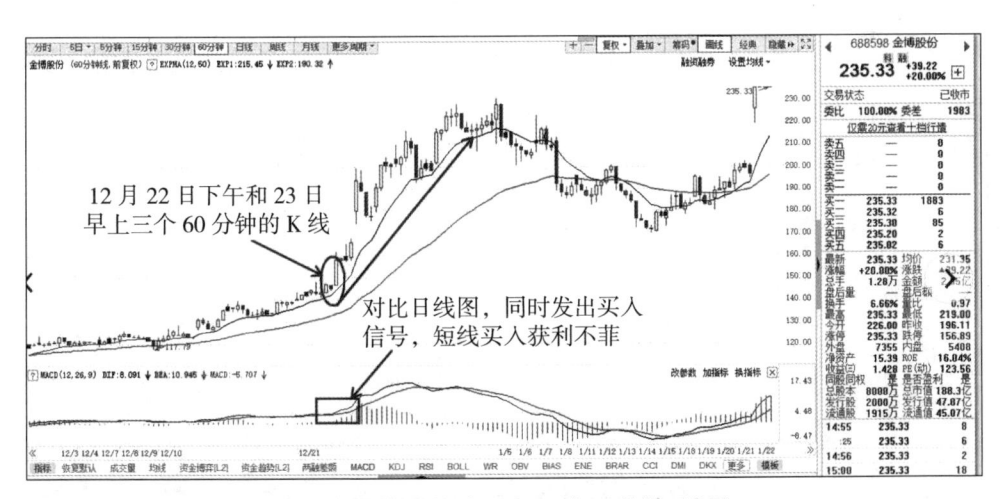

图4-4　金博股份（688598）60分钟K线图1

时和23日上午第一个小时（60分钟），MACD指标和日线同时发出买入信号，如果此时介入该股，短期涨幅超过50%，获利不菲。

继续看该股是否符合60分钟买入法，如图4-5所示，该股成交量放大一倍，日换手率在12月22日接近10%，第二天涨幅14%，而MACD指标则符合60分钟MACD指标买入法则的第7条。

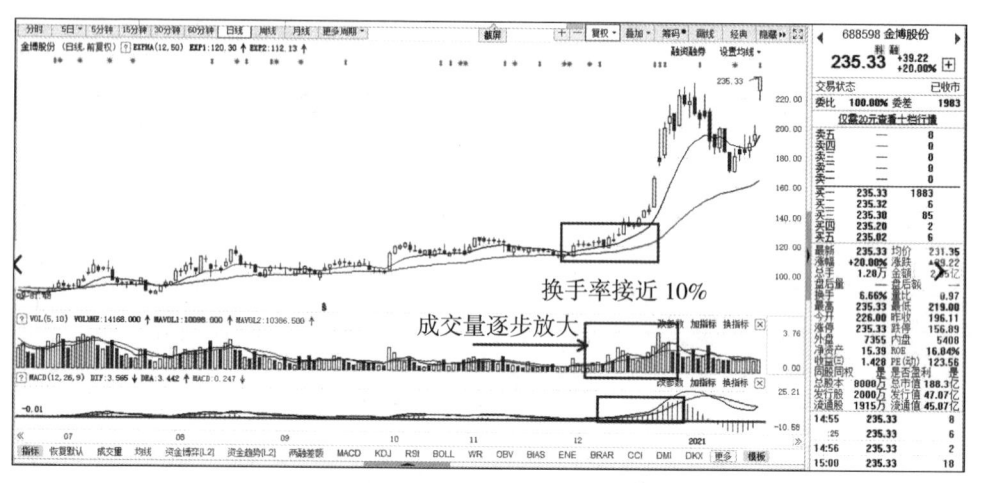

图4-5 金博股份（688598）60分钟K线图2

如图4-6所示，硕世生物（688399）的日线图。该股在2021年1月20日的走势就符合金叉前买入原则。

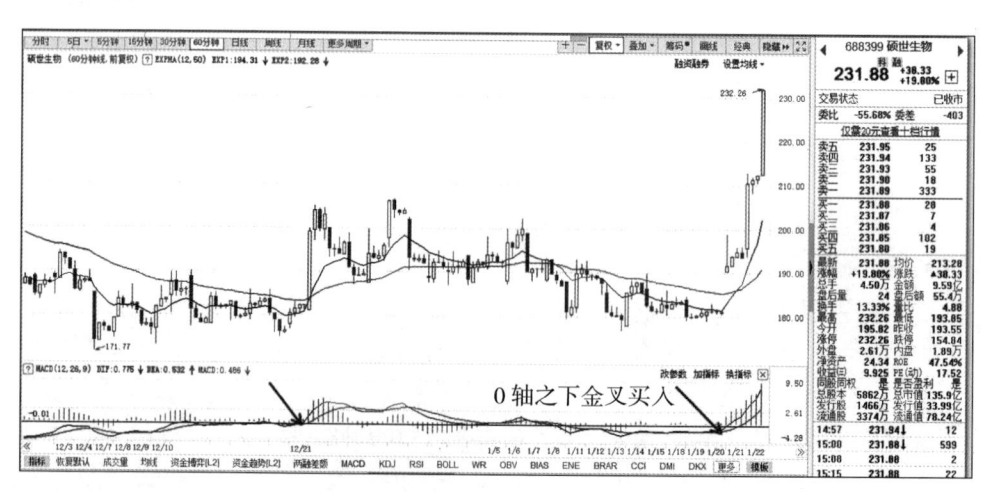

图4-6 硕世生物（688399）K线走势图

如图4-7所示，华测检测（300012）的走势图。2021年1月21日，该股成交量放大，换手率超过6%，绿柱强势缩短，0轴之下金叉，白线上穿黄线。符合1、4、6、7四条买入原则。

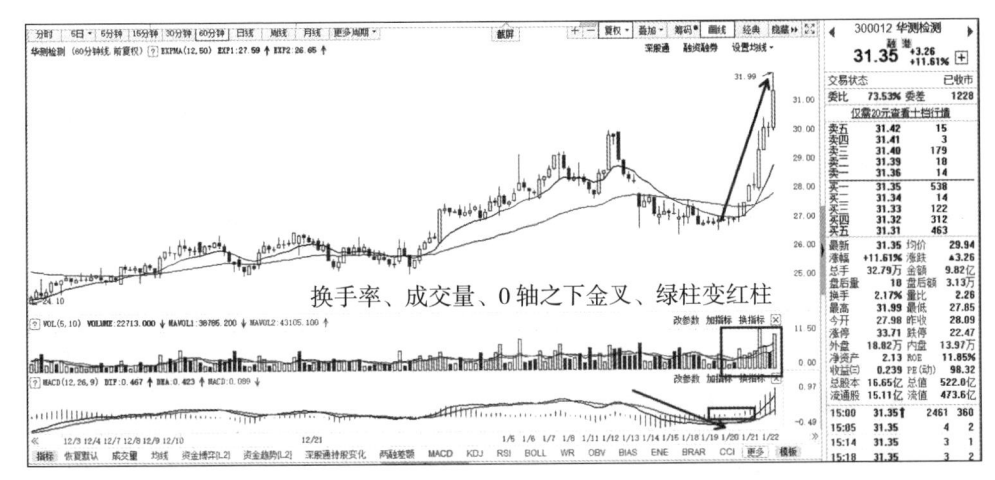

图4-7 华测检测（300012）K线走势图

二、注意事项

（1）股价近期必须是第一次上穿0轴，然后回拉。

（2）上穿0轴时有成交量配合最佳。这时在0轴上的回拉往往是一个缩量的过程。

（3）介入后若60分钟回拉不能创新高，应及时退出。

（4）必须在股票复权价位下运用指标，停牌阶段指标失效，涨跌停板指标失效。

第三节　MACD 指标+20 日均线组合战法

我们通常将股市划分为两个周期，一个是短周期，一个是长周期，在运用均线对股价进行研判的时候，又将均线分为短周期均线和长周期均线。在实盘操作中，长短两个周期各有利弊，周期太长不容易得到短线的操作指导，周期太短又不容易判断整体趋势。在所有均线里，有一条20日均线则是兼顾长短两个周期的综合应用指标，它能在股价的任何位置给出明确的操作指导，我们通常称之为万能均线。

之所以把20日均线称为万能均线，就在于它的周期不是很长也不是很短，它的每一次转向都意味着短期趋势有转变的迹象。如果短期股价站上20日均线，看涨，如果跌破，可以做空。在长期的实战操作中，20日均线也多次证明了其作为买卖拐点的重要作用，这也是"万能"二字的真实含义。

一、MACD指标金叉+突破20日均线做多

（1）主要条件：股价站上20日均线，20日均线向右上方运行，只有这样才有支撑力度。

（2）次要条件：MACD指标在0轴上方运行，红色能量柱出现且持续增长。

（3）进场条件：在MACD指标出现金叉之后，如果回踩20日均线不破，是最好的进场条件。

上述三个条件也提示，不管投资者是做中线还是短线，所有的上涨行情都是在K线成功突破20日均线后展开的，这是投资者做多的"关键点"。

下面分三种情况来讲解。

（1）股价向上突破20日均线。

当股价经过一轮下跌后，已经跌无可跌的时候，股价一定会反弹。当股价经过调整向上突破20日均线并放量，将其看作是技术上的买入点，如果此时MACD指标配合出现金叉（不管是0轴之上还是0轴之下，金叉均可），那么将是一个不错的买点。

如图4-8所示，永吉股份（603058）的走势图。该股自2020年11月9日在股价当时的最高点10.45元开始调整，一直到2021年1月14日，股价创新低6.21元，期间48个交易日，股价下跌超过30%。在随后的两到三个交易日里，先是MACD指标在1月18日出现金叉，1月19日20日均线上行，股价放量突破20日均线，买点出现。如果这个时候投资者选择介入，随后三个交易日，股价连续涨停。

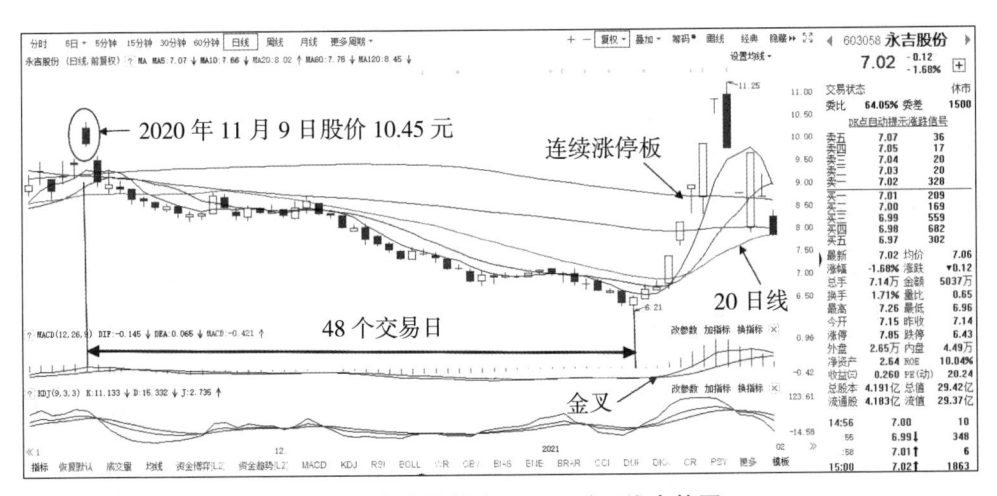

图4-8 永吉股份（603058）K线走势图

如图4-9所示，天普股份（605255）的走势图。2021年1月18日，该股出现MACD指标金叉，1月20日放量突破20日均线，此后股价连续涨停。

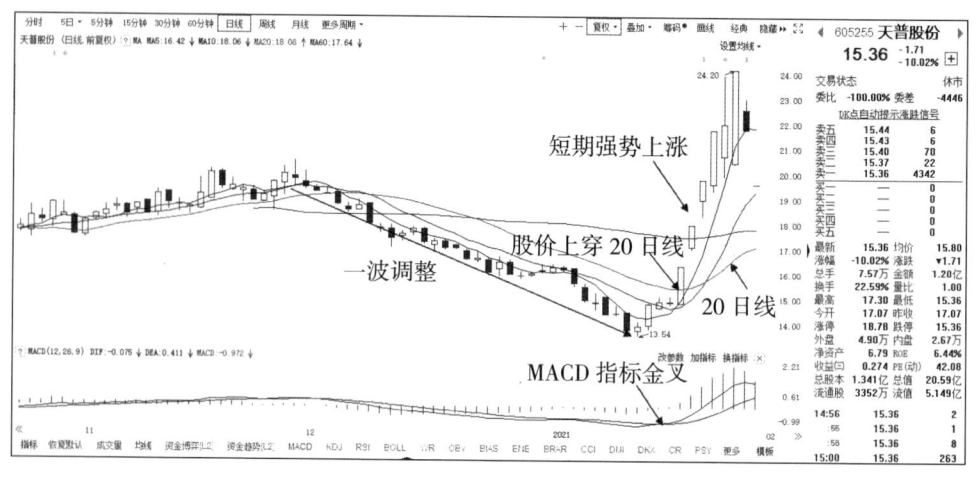

图4-9 天普股份（605255）K线走势图

（2）当股价在上升时回踩20日均线却不跌破，此后获得20日均线支撑时，如果此时MACD指标出现金叉现象，将是一个买入的最好时机。

如图4-10所示，药明康德（603259）的走势图。该股从2020年3月30日开始到2021年1月25日，在长达八个月的时间里，是一种长期走牛的模式。在这个过程中出现了多次股价回调到20日均线支撑、MACD指标金叉的现象，分别是2020年5月29日、2020年9月29日、2020年12月14日、2021年1月18日。

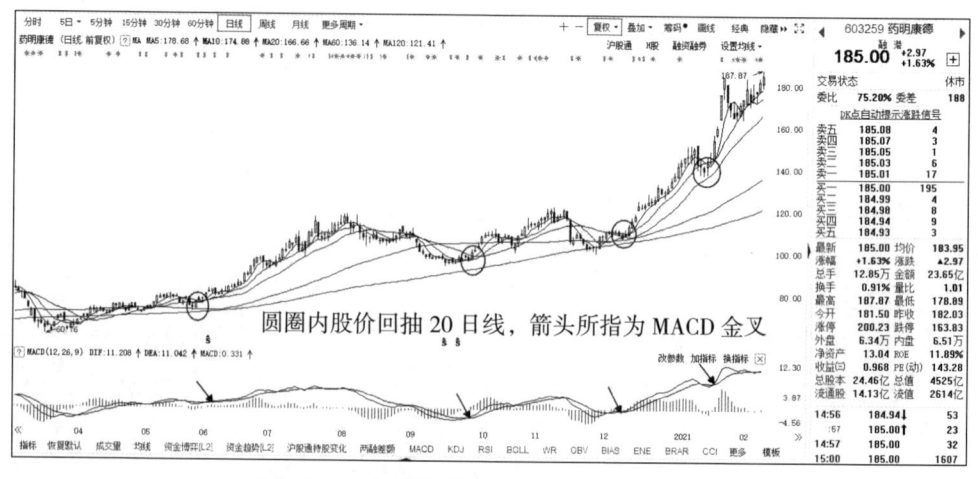

图4-10 药明康德（603259）K线走势图

如图4-11所示，上机数控（603185）的股价也分别在2020年9月30日、11月24日和2021年1月20日出现上述买点。

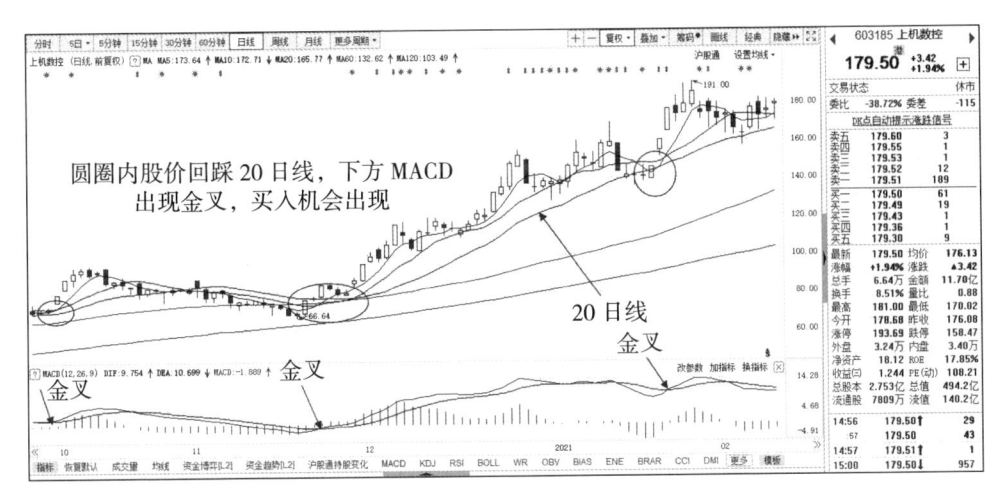

图4-11　上机数控（603185）K线走势图

（3）股价跌破20日均线后重新收复。

股价在上升的过程中，某一日跌破正在向上运行的20日均线后很快拉回来，重新站上20日均线。这种情况通常称为假跌破，一般回调时是缩量的，上涨时成交量放大。此时配合MACD指标的金叉现象，将是一个买入的好时机。

如图4-12所示，中公教育（002607）的走势图。在2020年7月7日、10月14日和2021年1月21日，该股均出现过股价跌破20日均线的情形。但是随后成交量放大，股价重新收复20日均线，MACD指标出现金叉，买点出现。

二、MACD指标死叉+跌破20日均线做空

在短期行情中，所有的下跌行情都是在K线有效跌破20日均线后展开的，这是做空的"关键点"。在多头市场中，只要K线还没有效跌破20日均线，就不能坚决做空，只有当MACD指标形成死叉后，K线有效跌破20日均线时，才是进场做空的"关键点"，随后当K线反弹时，只要不能突破"关

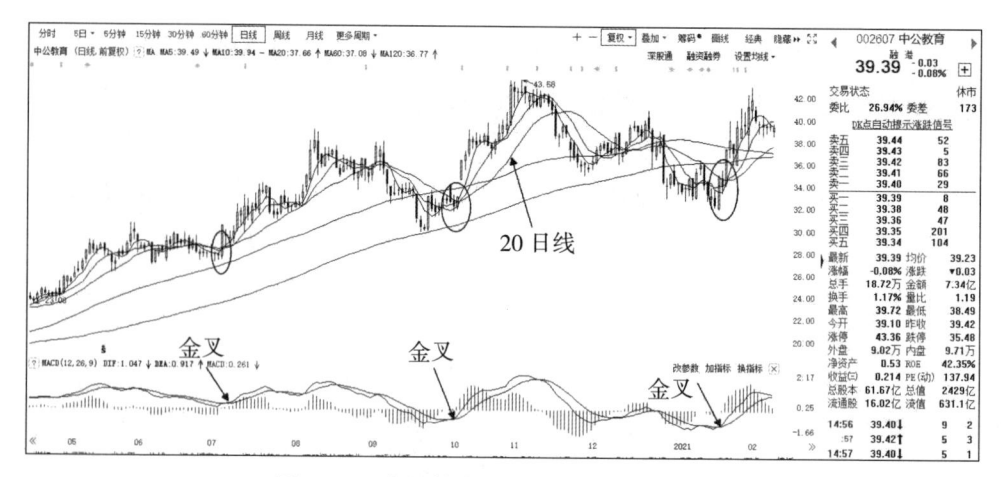

图4-12 中公教育（002607）K线走势图

键点"的那根K线的开盘价，就可以逢高做空。

做空条件：MACD指标开始生出绿柱，20日均线已经由上升开始走平，当K线快速跌破20日均线后，只要反弹时收在20均线之下，就可以逢高做空。具体分为下面几种情况。

（1）MACD指标的红柱开始缩短，5日均线已经走平开始下拐，随后当K线以长阴线迅速跌破20日均线后，只要MACD指标随即生出绿柱，就要坚决做空。

如图4-13所示，贝瑞基因（000710）的走势图。2020年8月10日，该股出现MACD指标死叉，股价跌破20日均线，MACD指标生出绿柱，此时要毫不犹豫地卖出。随后股价一路下行，短短几个月跌幅超过50%。

（2）MACD指标持续生出绿柱，20日均线已由上行开始走平，甚至出现下行，K线在20日均线之上振荡后跌破20日均线，只要MACD绿柱二次放大或者持续放大，就要坚决做空。

如图4-14所示，国光连锁（605188）的走势图。2020年12月7日，股价由上行开始走平，此后股价振荡跌破20日均线，同时伴随着MACD指标绿柱二次放大，此时要坚决做空。

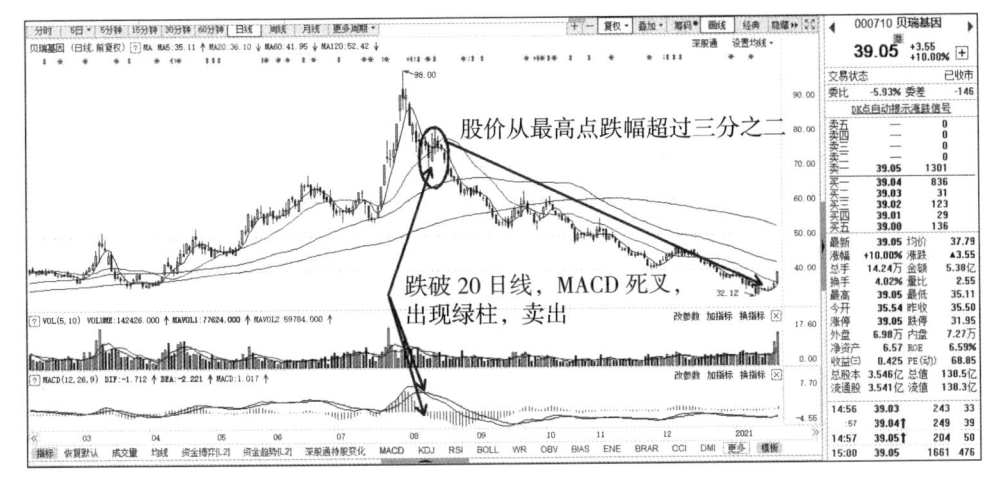

图4-13 贝瑞基因（000710）K线走势图

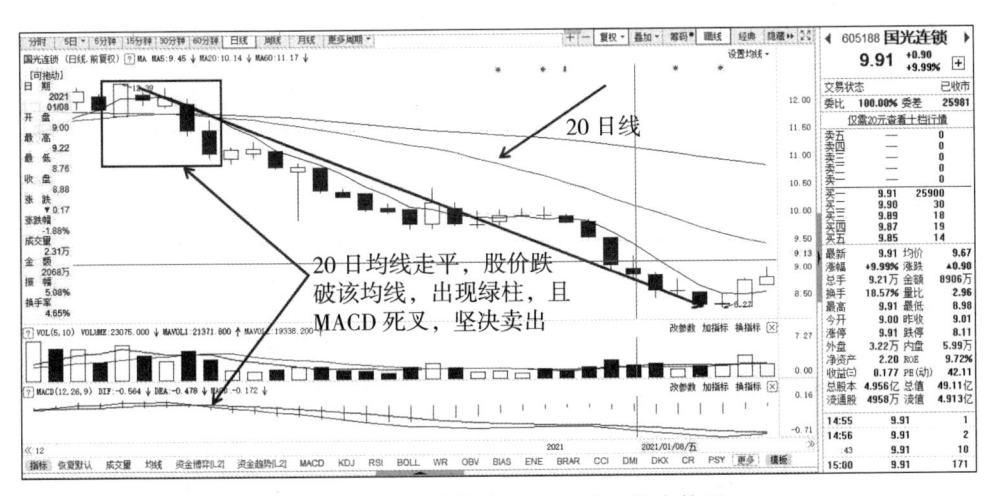

图4-14 国光连锁（605188）K线走势图

（3）MACD指标虽然生出红柱，但20日均线却没有明显上翘，K线在20日均线之上形成双顶形态，此后只要K线快速跌破20日均线，就要坚决做空。

如图4-15所示，艾艾精工（603580）的走势图。该股的MACD指标虽然生出红柱，但是20日均线却没有明显上翘，K线在20日均线之上形成双顶形态。随后该股股价在2020年11月27日快速跌破20日均线，此时应该坚决做空，后期股价短期跌幅超过20%。

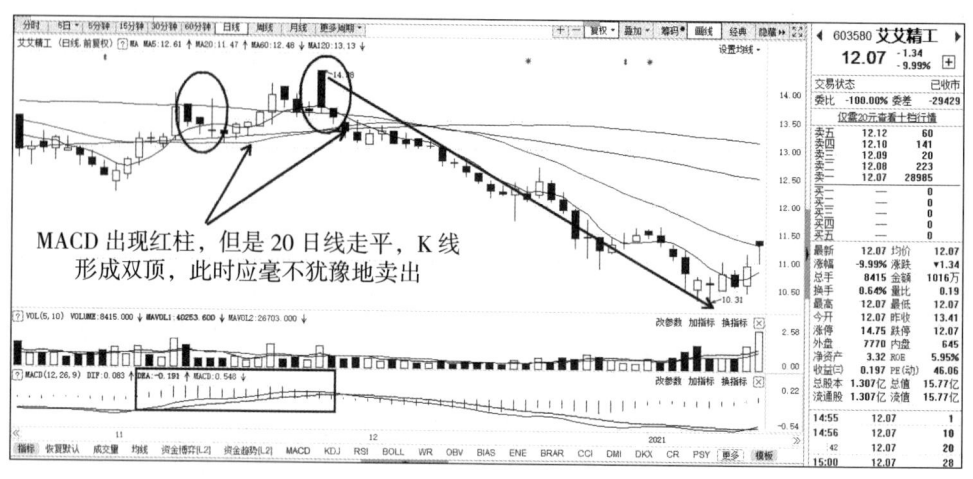

图4-15 艾艾精工（603580）K线走势图

（4）MACD指标持续生出绿柱，20日均线也开始走平下拐，K线突破20日均线后MACD指标将金不金，只要K线返身跌破20日均线，就要坚决做空。

如图4-16所示，丰山集团（603810）的走势图。该股在某一时段出现20日均线开始走平下拐，K线突破20日均线后MACD形成将金不金的情形。投资者应该在此时选择离场，否则将是一段时间的阴跌。

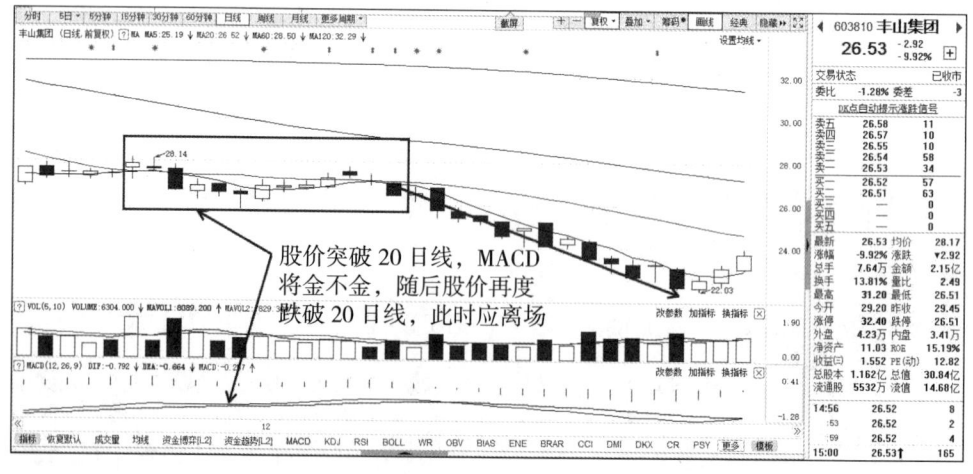

图4-16 丰山集团（603810）K线走势图

使用20日均线做空或者做多，都是相对于短线而言的，对于中长线操作，会在后面的内容里进行更多的讲解。

第四节　MACD指标+60日均线组合战法

一、选择60日均线的意义

60日均线是某只股票在市场上往前60天的平均收盘价格连成的一条线，反映了这只股票60天的平均成本。60日均线是最近3个月的收盘平均价，属于中长期走势，对个股后期走势有重要研判意义。

在很多投资者眼里，60日均线具有明确股价中期反转趋势的作用，称为决策线。突破和跌破该均线都是代表一波牛市或熊市的到来，也是投资者需要做出决策的时候，决策线的名字正是由此而来。同时，60日均线又称为股价生命线，从历史记录看，60日均线的支撑力度很强。个股60日均线也叫季均线，是短期趋势强弱的多空分界线或分水岭。

二、MACD指标+60日均线组合研判

股价在60日均线上企稳反弹，MACD指标出现金叉时买入，这是一个双保险的买入策略，操作成功率很高。

1. 买入的操作要点

（1）60日均线重新低位走平开始向上拐弯（拐弯是说60日均线的数值开始呈现由跌反升），股价站稳于60日均线上，并经过回抽确认，说明中期趋势有走好迹象。

（2）中期上升趋势的成交量应处于温和的放量过程。

（3）激进的投资者可以在5日均线抬头向上时买进。

（4）买进后选择捂股，不轻易做短差。

如图4-17所示，欧菲光（002456）的走势图。该股在2020年6月1日股价放量突破60日均线，且MACD指标随后在低位金叉，买点出现。该股短期从14元多的价格冲到24元附近，短期涨幅超过30%。

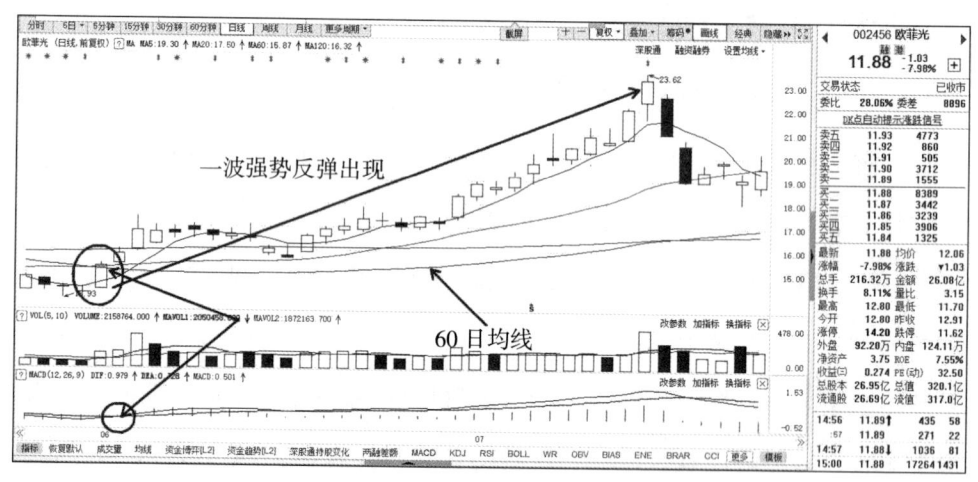

图4-17 欧菲光（002456）K线走势图

2. 卖出的操作要点

（1）60日均线重新走平开始向下，股价收在60日均线之下，并经确认无法站稳60日均线，说明中期趋势有走弱的迹象。

（2）下跌时成交量呈缩量阴跌的过程，反弹无法放量。

（3）激进的投资者可以在股价有效跌破5日均线时获利高抛。

（4）卖出后不要随意抢反弹。

3. 利用60日均线和MACD指标的操作要点

（1）股价处于低价区时，60日均线拐头向上前后的区域可看作是主力的成本区，如果此时配合MACD指标的金叉更好。

（2）股价突破60日均线前下跌的时间越长，突破之后反转的可能性越大。股价上穿60日均线时，需要成交量的配合，否则不可认为有效。要特别小心突然间的放量，可能会造成又一次的下跌。

如图4-18所示，宜宾纸业（600793）的走势图。该股在2021年1月7日股价突破60日均线和MACD指标金叉之前，其下跌和调整的时间长达十一个月。此后股价强势启动，在2021年1月成为当仁不让的大牛股。

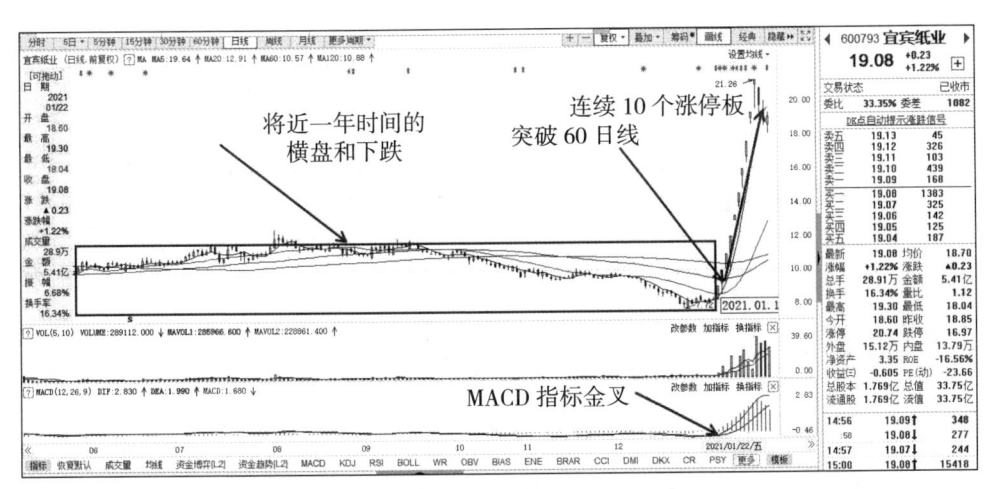

图4-18　宜宾纸业（600793）K线走势图

（3）股价突破60日均线前后需同时满足60均线拐头上行的条件，若该线保持下行趋势时突破该线，往往是反弹行情，可视为突破无效。

（4）股价在高价区跌破60日均线，此时如果再配合出现MACD指标的死叉，则为中级行情的终结。

如图4-19所示，浙大网新（600797）的走势图。该股在2020年9月8日跌破高位的60日均线，且此时MACD指标出现死叉，可以视为中期调整的开始，操作上适合果断卖出。

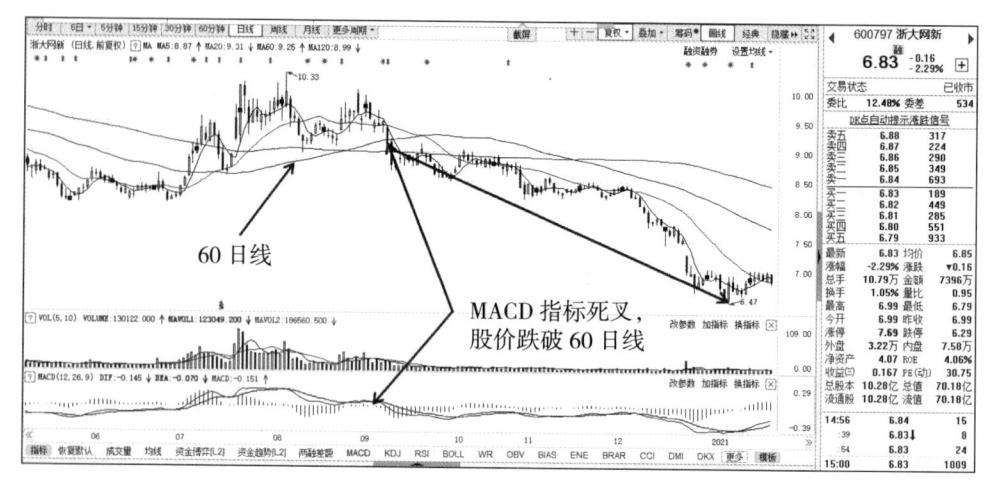

图4-19 浙大网新（600797）K线走势图

三、跌破60日均线后做空的两个重要指标

1."三死叉见顶"

所谓"三死叉"是指5日均线与10日均线死亡交叉；成交量5日均量线与10日均量线死亡交叉；MACD指标中的DIFF线与DEA线死亡交叉。这三个信号都是见顶信号，每一个单一信号都可以认定头部成立，将三个信号复合在一起，就形成了一个复合信号。在一波较大涨势后，当这三个死亡交叉陆续出现时，就基本可以认定股价正运行在头部区间。"三死叉见顶"的准确率很高，可靠程度很高，几乎可以确定股价的头部。

这里给出了判断股价顶部的四个重要要素。

（1）股价跌破60日生命线。

（2）5日线和10日线死叉。

（3）成交量的5日成交量和10日成交量死叉。

（4）MACD指标死叉。

这四个要素足以判断一只股票的股价是不是走出了头部，如果判断头部确立，就要坚决撤退，毫不犹豫。

如图4-20所示，ST鹏博士（600804）的走势图。该股在2020年9月7日出现了成交量指标死叉和MACD指标死叉，第二个交易日则出现了5日均线和10日均线的死叉。日线指标出现三死叉见顶，同时股价跌破60日均线，顶部确立，投资者应坚决退出。

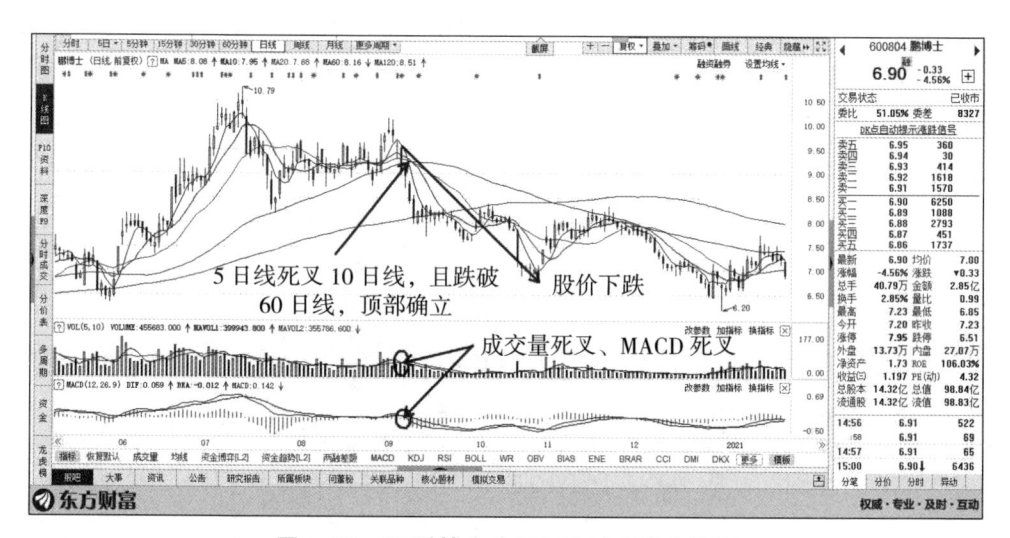

图4-20　ST鹏博士（600804）K线走势图

如图4-21所示，新华传媒（600825）的走势图。该股在2020年9月28日、29日和30日分别出现了成交量死叉、5日线和10日线死叉、MACD指标死叉，随后又出现了股价跌破60日均线的走势。至此可以确定该股头部确立，投资者应果断卖出。

2. MACD指标跌破0轴线

当MACD指标中的DIFF线跌破0轴时，已经是一个不好的先兆，如果DEA线也跌破0轴，就几乎可以确定个股的跌势将要开始了。

这里给出了判断股价顶部的两个重要要素。

（1）跌破60日均线。

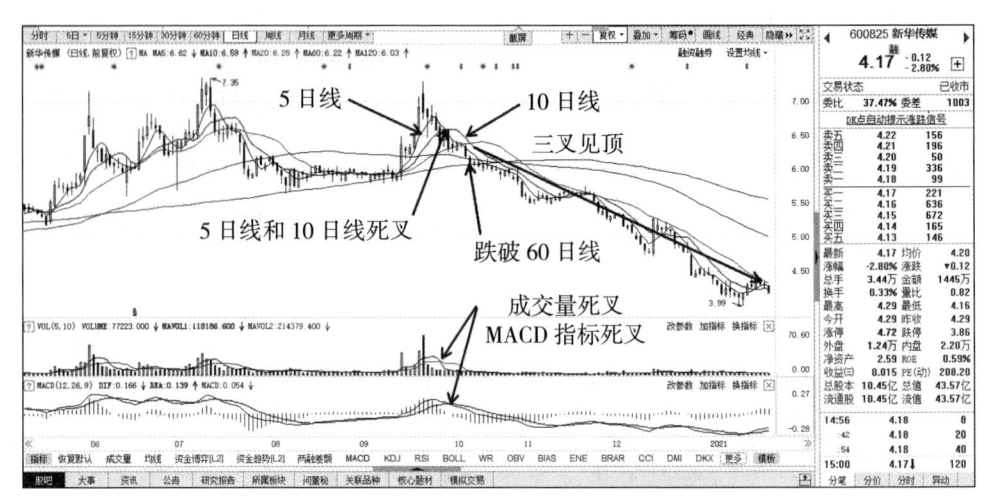

图4-21 新华传媒（600825）K线走势图

（2）MACD指标中的DIFF和DEA均跌破0轴。

如图4-22所示，香溢融通（600830）的走势图。该股在2020年8月9日跌破60日均线，同时MACD指标中的DIFF和DEA均跌破0轴。此时可以判定该股的头部确立，应果断卖出，随后股价也确实出现了一波中期调整。

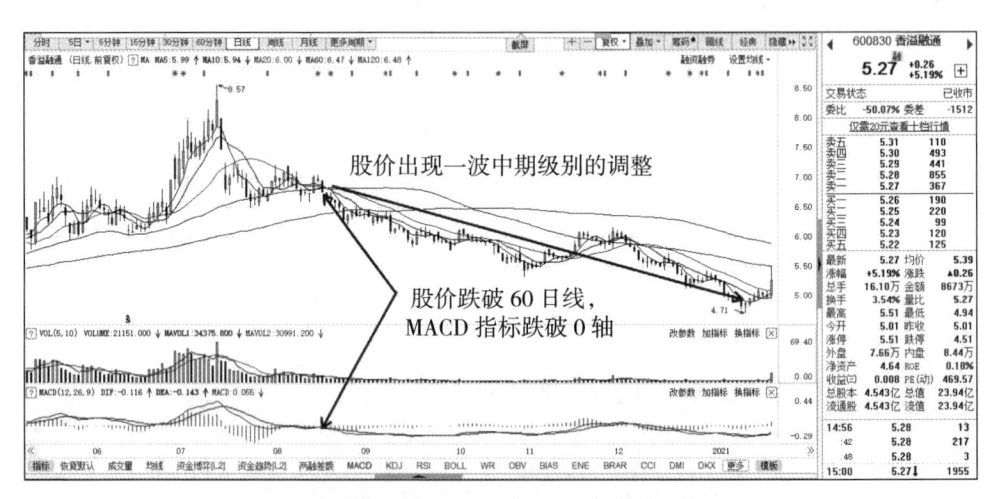

图4-22 香溢融通（600830）K线走势图

四、注意事项

（1）如果一只股票的股价在高位出现宽幅振荡，出现三死叉见顶信号，股价不能再创新高，或者创新高非常困难，那么一旦随后出现跌破60日生命线、MACD指标跌破0轴等头部信号，则头部成立。60日均线下方是重要的空头信号，空转多比较漫长。

（2）突破60日均线做多的时候要有明显放大的成交量配合，随后股价能够站稳于60日均线之上，配合MACD指标金叉，将是买入的好机会，否则后市可能还有较长时间的反复。

第五节　MACD指标二次翻红买入法

一、MACD指标二次翻红买入法的研判

MACD指标二次翻红买入法是指该指标第一次出现红柱后，由逐渐放大到逐渐缩小，缩小到绿柱将出未出（或者出现不超过三根的时候），红柱又开始出现并逐渐放大，即MACD指标连续两次或两次以上在0轴之上出现红柱，这就是MACD指标二次翻红。

MACD指标二次翻红这种形态出现后，股价企稳回升的概率较大，具有较强的实战意义。

1. MACD指标二次翻红买入法的要素

（1）红柱的变化是先缩短再放大。

（2）在这个过程中最好没有绿柱出现。

2. 参数设置

在MACD指标二次翻红买入法中，我们将移动平均线的时间参数设定为5、20、60，分别代表短期、中期、长期移动平均线；成交量平均线参数设定为5、10；MACD指标中使用系统默认的标准值，即EMA1的参数设定为12，EMA2的参数设定为26，DIFF参数设定为9。

二、MACD指标二次翻红买入法的买入条件

如果在日线中出现MACD指标二次翻红，同时符合以下条件，则股价短期出现大幅上升的概率较大。

（1）MACD指标二次翻红一般在股票下跌幅度较大时出现。先是MACD指标的绿柱消失，第一次出现小红柱，MACD指标在0轴之下运行，并在0轴之下形成金叉，几日后上穿0轴并在0轴之上运行，如果原来就在0轴之上效果更佳。在0轴之下形成金叉，而后上穿轴之上运行，这是先决条件。

当MACD指标第二次出现小红柱时，随着红柱的不断放大，60日均线由下跌变为走平或翘头向上，5日、20日、60日均线形成多头排列。

如图4-23所示，漫步者（002351）的走势图。2020年4月2日，该股的MACD指标出现红柱，但是随后在4月28日该红柱几乎消失殆尽，甚至可能出现翻绿的状态。4月27日和28日，MACD指标的DIFF和DEA出现将死不死的状态，四个交易日之后指标先后穿越0轴，短期均线形成金叉，说明该股短期将有一波行情。

（2）日K线以阳线为多，日K线刚刚上穿20日均线或在20日均线上方运行，最好站上60日均线。

如图4-24所示，同德化工（002360）的走势图。该股在2020年6月30日

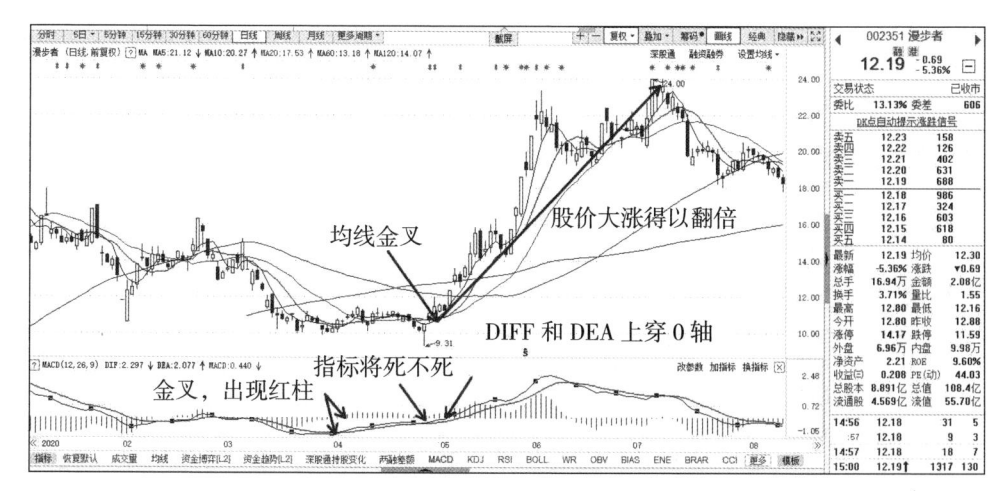

图4-23 漫步者（002351）K线走势图

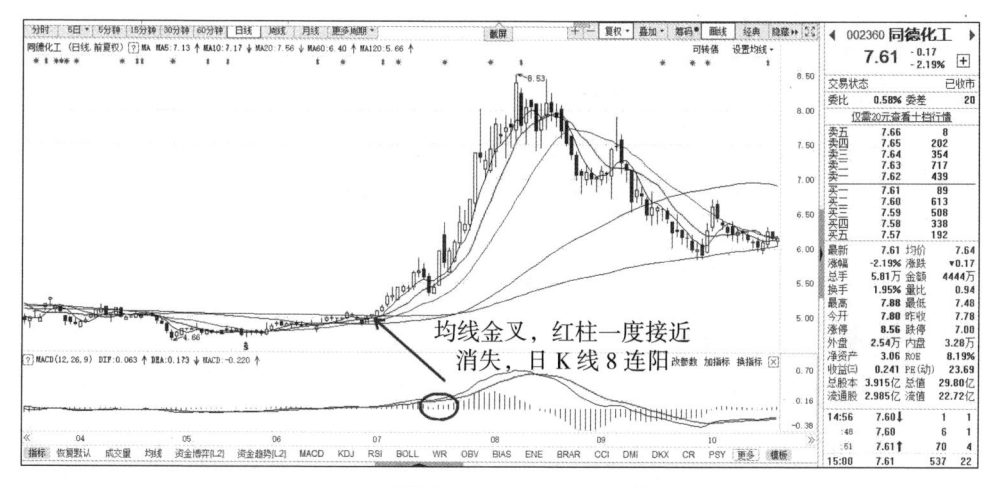

图4-24 同德化工（002360）K线走势图

启动，连续走出八连阳，日K线刚刚上穿20日均线或在20日均线上方运行。这一波行情到2020年8月18日结束，股价翻番。

（3）DIFF在0轴上方与DEA金叉后，可靠性会更强。在第一次翻红后，红柱开始缩短，越短越好，此后MACD指标在0轴以上第二次出现红柱。

如图4-25所示，金达威（002626）的走势图。该股在2020年5月13日出现红柱，随后都是小幅的红柱，然后在6月19日接近消失，此后一直是处于消失和非消失之间。7月9日重新出现红柱，此时MACD指标金叉向上启动，而均线形成一个多头状态，说明该股短期的上涨趋势确立。该股随后在短短不到一个月的时间里，股价涨幅超过一倍以上。

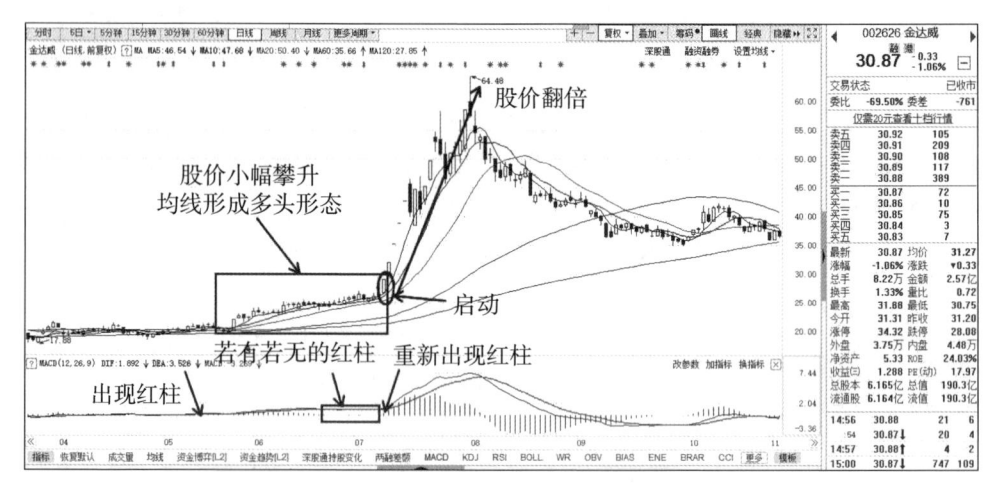

图4-25 金达威（002626）K线走势图

（4）介入当日成交量大于5日平均量为佳。特别是在二次翻红后，若能得到成交量的配合，股价后市向上冲击的力量会更大。

（5）在实战中，如果日K线刚刚上穿20日均线，或在20日均线上方运行，60日均线由下跌转为走平或翘头向上，5日、20日、60日均线刚刚形成多头排列的个股最好。

三、实战意义

（1）在实战中，满足"MACD指标连续二次翻红"的个股往往会有非常好的上涨行情。MACD指标连续二次翻红是利用MACD指标选强势股的关键，也是介入的最佳买点。特别是前期下跌时间长、下跌幅度大的个股，一旦出现"MACD指标连续二次翻红"形态，股价企稳回升，捕捉短线买进点，股价上升的概率很大。

（2）MACD指标的红柱第一次由大缩小时，20日均线由原来的向下改变为弯头走平，均线基本形成多头排列。当二次翻红时，20日均线向上翘起，均线形成多头排列并向上发散。当天K线收阳线并站到5日均线之上，成交量明显放大，标志着一轮升势开始。

第六节　红绿柱抄底逃顶法

对于市场来说，MACD指标有一定的先知先觉的作用，而由DIFF和DEA的差值构成的红绿柱，在实战中的应用也是非常广泛。

在红绿柱抄底法里，红柱子的长度=（DIFF-DEA）×2，绿柱子的长度=（DEA-DIFF）×2。

其原理用文字表述为：柱子的长度表示的是DIFF和DEA的距离，乘以2只不过是为了看起来更加清晰，并没有特别含义。

DIFF是快线，DEA是慢线，快线在慢线之上，出现红柱，表示短期股价会走强；快线在慢线之下，出现绿柱，表示短期股价会走弱。

一、常见的底部

要抄底先要确定是底，技术分析中常见的几种底部形态分别为：V型底、圆弧底、W底、多重底。其中V型底多见于暴跌、急跌行情，一般是出现了较大的利空因素，股价短时间内迅速下跌，一段时间后利空被澄清，行情迅速反转。

圆弧底较为常见，也是最适合抄底的底部形态，一般就是股票正常的涨跌、多空双方博弈的结果。W底一般被认为是一种底部反转形态，但也有可能演变成多重底而成为下跌过程中的整理形态，还需要进一步观察。多重底如出现在低位，也可以建仓，由于波动比较规律，所以很适合做T。

二、实战策略

1. 小绿柱抄底

当个股在经历一波下跌后处于最低价时，此时MACD指标显现的是一波"大绿柱"。投资者不应考虑进场，而应等其第一波反弹过后（出现红柱），第二次再探底时，MACD指标出现"小绿柱"（绿柱明显比前面的大绿柱要小且少），且当小绿柱走平或收缩时，这时就意味着股价下跌力度衰竭，此时为最佳买点，这就是所谓的"买小"（即买在小绿柱上）。

如图4-26所示，天汽模（002510）的走势图。该股在2020年8月27日到10月12日之间出现一波下跌，此时出现了大绿柱，此后绿柱消失。如果投资者在第一次绿柱消失时买入，就要承担将近20%的跌幅。而在11月2日左右，出现了小绿柱，之后绿柱消失出现红柱。这个时候投资者买入，则股价很快就出现了启动，短期出现了翻番行情。

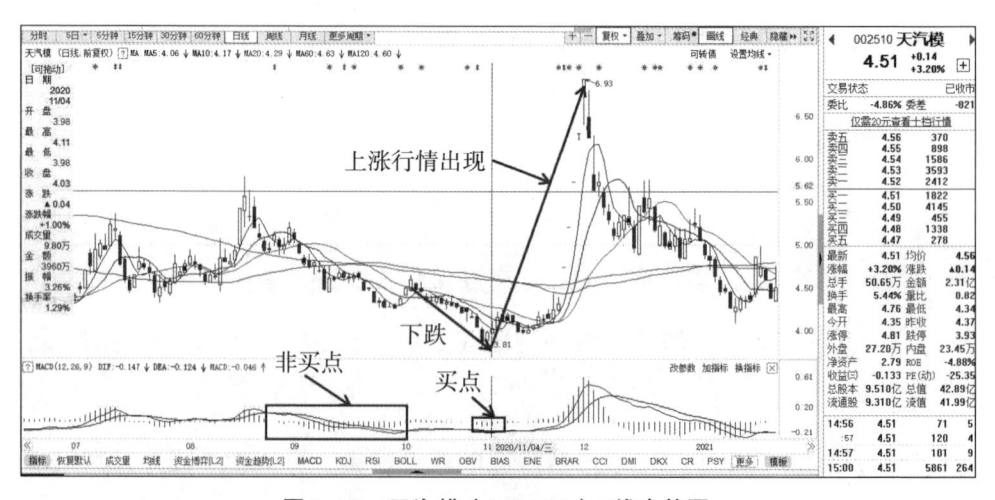

图4-26 天汽模（002510）K线走势图

2. 小红柱逃顶

在实战中，投资者不仅可以利用绿柱抄底，也可以利用红柱逃顶。当股价第一波拉升起来时（MACD指标显现为大红柱），投资者不应考虑出货，而应等其第一波回调过后，股价第二次再冲高时，MACD指标显现出"小红柱"（红柱比前面的大红柱明显要小且少），此时意味着上涨动力不足，投资者方可考虑离场出货。这就是所谓的"卖小"。

如图4-27所示，科华生物（002022）的走势图。在2020年5月29日启动的这波行情当中，如果投资者在7月14日左右卖出，就会丢失随后几天的一波二次反弹行情，但如果按照卖在小红柱的策略，8月4日这一天则是最好的卖出时机。

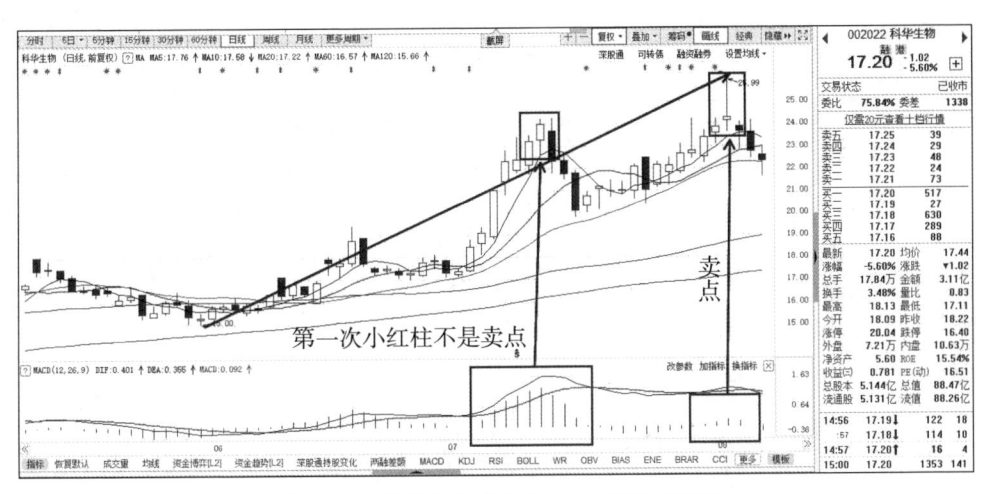

图4-27　科华生物（002022）K线走势图

在实战操作中，从MACD指标可以看出，红柱和绿柱不可能无限制地放大，同时也不可能无限制的缩小。这也意味着没有只涨不跌的股票，更没有只跌不涨的股票。

如图4-28所示，长川科技（300604）的走势图。该股在2020年11月30日启动，在这一波行情里，红柱放到最大为波段性顶部后，红柱由最大开始缩小时，表明股价即将回调，其含义是多方的力道正在衰退，虽然目前空方还没有占领主导地位，但是随着多方力道的减弱，空方力道会增强，投资者可以选择高抛的对应策略。遗憾的是该股随后在12月28日到2021年1月4日之间出现伪信号，红柱再次加长，进入强势行情。

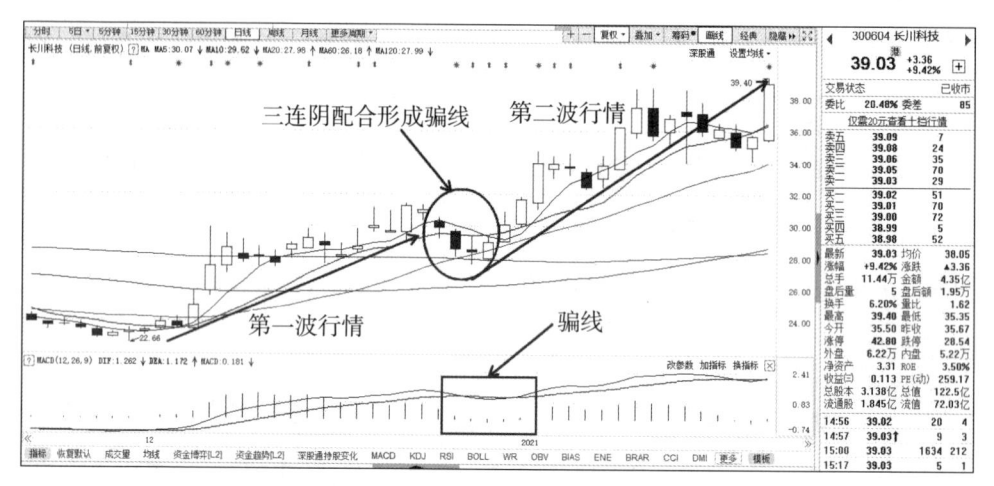

图4-28　长川科技（300604）K线走势图

如图4-29所示，宇环数控（002903）的走势图。该股在2020年11月30日绿柱达到顶峰，绿柱放到最大为波段性底部，随后开始缩短，12月7日绿

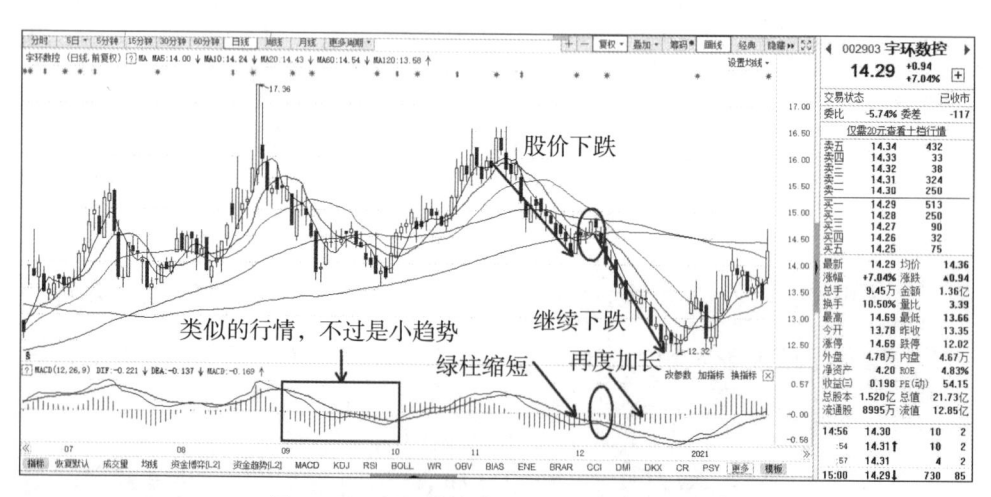

图4-29　宇环数控（002903）K线走势图

柱缩短到最小值。按理说投资者这时对应的策略是中线资金进场低吸，期待可以买在相对低位。但是随后该股的绿柱再度放大，形成新一轮的下跌。这时对应的策略是如果股价破前期低点，应及时止损。

如图4-30所示，三角防务（300775）的走势图。图中，数字1、3、5代表的是一个完整的上涨阶段，2、4代表的是一个完整的下跌阶段，分别经历了从绿柱放到最大到红柱放到最大和从红柱放到最大到绿柱放到最大。方框B、D、E中，红柱加长意味着股价将连续上涨，其含义是多方的力道正在加强，股价处于加速上扬，对应的策略是持有。方框A、C、F中，绿柱加长意味着股价将连续下跌，其含义是空方的力道正在加强，空头占据主导地位，对应的策略是空仓。在BC、DE方框之间的红柱翻绿柱，意味着股价进入空头市场，后期走势以下跌为主。在AB、EF方框之间的绿柱翻红柱，则表示市场或者个股进入多头行情，后期走势以上涨为主。

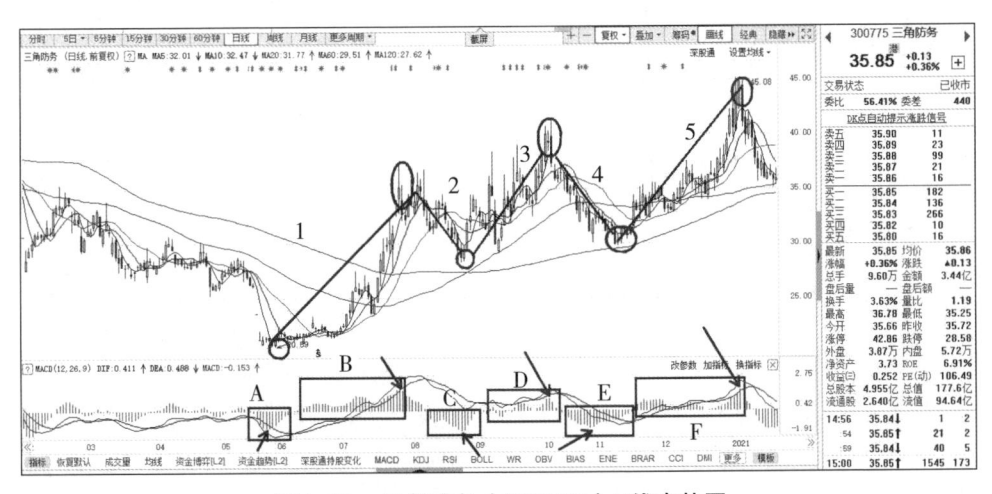

图4-30　三角防务（300775）K线走势图

三、注意事项

（1）利用红绿柱抄底或逃顶时，在红柱与绿柱最长时，如果此后连续缩短2根以上，将是考虑是否卖出或者买入的机会。

（2）红柱与绿柱缩减的强度越强，对后期趋势研判的有效性越高。

（3）利用红绿柱抄底时，需要设置好止损点位，以前期高低点为防守点，破位就出。

第七节　MACD指标常见的八种买入形态

一、金叉上行—回调—再反弹

（1）技术要点：该技术形态要求DIFF线与DEA线的第一次金叉在0轴之下，随着股价的上行而上行。在运行了一段时间之后，股价出现回调，DIFF线在0轴附近或短暂的下穿后，DIFF线再度反转向上，在形态上形成了金叉后上行—回调—再反弹的形态，再反弹时就是买入的机会。

（2）实战意义：该买入法有助于投资者寻找到中线好股。

如图4-31所示，通富微电（002156）的走势图。该股在2019年7月22日

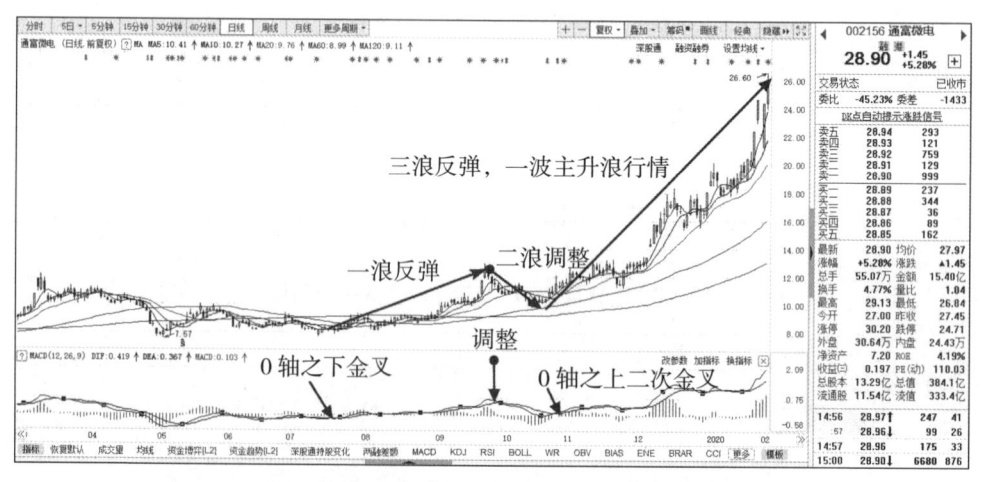

图4-31　通富微电（002156）K线走势图

出现了DIFF线与DEA线在0轴之下的第一次金叉。经过一波反弹后，该股在9月27日开始调整，10月30日再度在0轴附近形成新的金叉，呈现出做多的形态，随后该股确实走出了一波波澜壮阔的大牛市行情。

二、0轴下金叉—死叉—金叉

（1）技术要点：该技术形态要求DIFF线在0轴以下金叉DEA线以后，并没有上穿0轴，然后向下死叉DEA，几天以后再次金叉DEA线，在形态上形成0轴之下金叉—死叉—金叉的局面，那么第二次金叉就是买入的机会。

（2）实战意义：该形态为股价在下跌探底之后，抛盘无力之时呈现的底部形态，实战操作中将其作为见底反弹信号，可择机入市。

如图4-32所示，晓程科技（300319）的走势图。该股的DIFF线和DEA线在2020年5月11日形成0轴之下的金叉，不久后DIFF线上穿0轴一点又再度回到0轴之下，并死叉DEA线。7月3日该股的DIFF线再度金叉DEA线，在形态上形成一个抛盘穷尽之势，股价见底信号显现。如果选择此时入市，其从7月到9月的一波行情将会让参与者收获不错的收益。

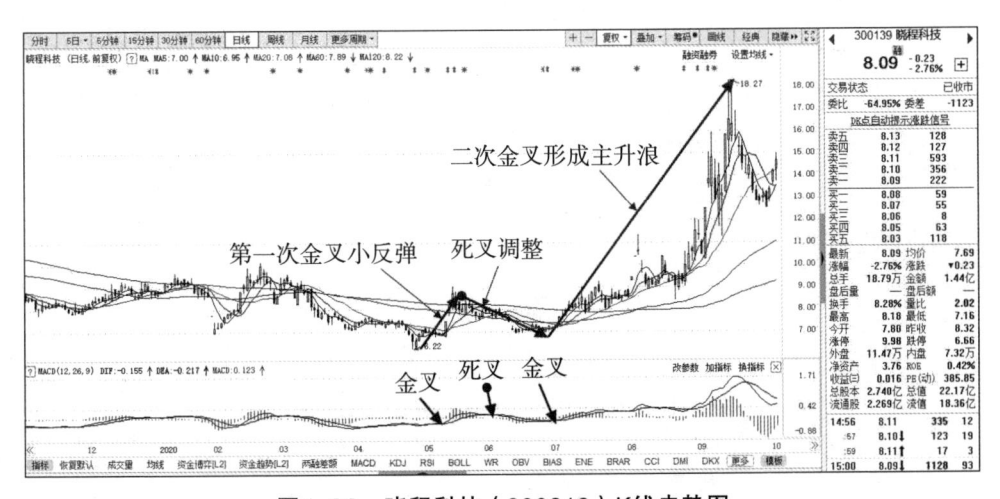

图4-32 晓程科技（300319）K线走势图

三、0轴上死叉—下穿0轴—金叉反弹

（1）技术要点：该买入形态指的是DIFF线在0轴以上死叉DEA线，然后下穿0轴，在经历了一波调整和振荡之后，两条指标线在0轴或0轴以上（下）金叉（0轴之上金叉最好），形成0轴上死叉—下穿0轴—金叉反弹的走势。金叉之际，就是进场之时。

（2）实战意义：该形态可以看作是股价在上升途中出现的整理形态，如果此时配合均线、成交量或者其他技术指标同时出现买点，并在日线形态上呈上攻之势，应理解为积极的介入信号，应果断入市。

如图4-33所示，海尔生物（688139）的走势图。该股在2020年2月20日出现了DIFF线在0轴之上死叉DEA线的走势。经过一段时间的横盘和调整后，两条指标线在2020年4月7日出现0轴之下再度金叉的走势，配合该股的均线黏合形态向上发散，股价形成上攻之势，入市信号显现，投资者应积极买入持股待涨。

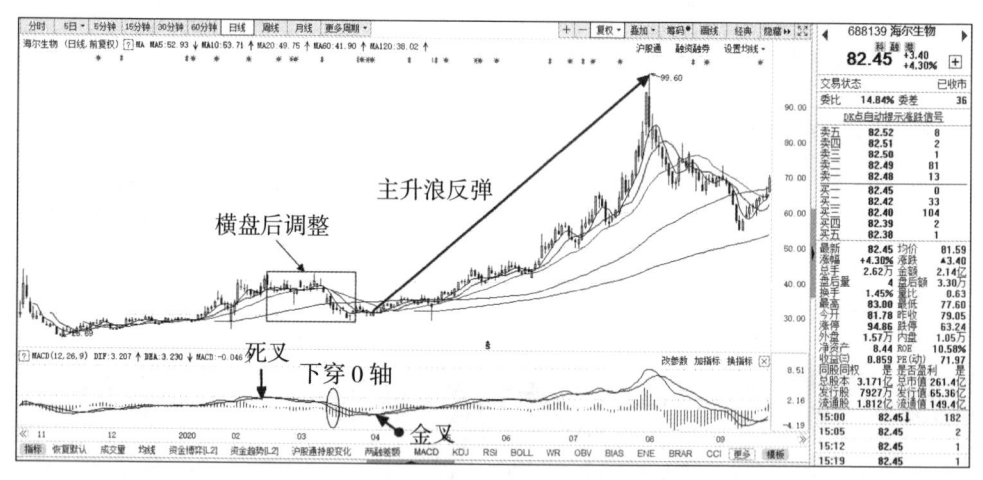

图4-33 海尔生物（688139）K线走势图

四、0轴下金叉—回调将死不死—二次反弹

（1）技术要点：DIFF线在0轴以下金叉DEA线，随后没有上穿0轴就回调，向DEA线靠拢，MACD指标红柱缩短，但没有死叉DEA线就再次反转向上，同时配合MACD指标红柱加长，在形态上出现0轴下金叉—回调将死不死—二次反弹的走势，二次反弹即为进场信号。

（2）实战意义：该形态的形成多为底部形态，是股价在下跌探底之后抛盘无力或者新的主力已经进场之时呈现的底部形态，实战操作中将其看作是主力建仓区域，可择机介入。

如图4-34所示，顺丰控股（002352）的走势图。该股在2019年5月27日出现0轴之下金叉，随后在6月6日出现将死不死的状态后启动上涨。到10月份，该股的价格已经从不足30元上涨到接近50元，走出一波不小的涨幅。

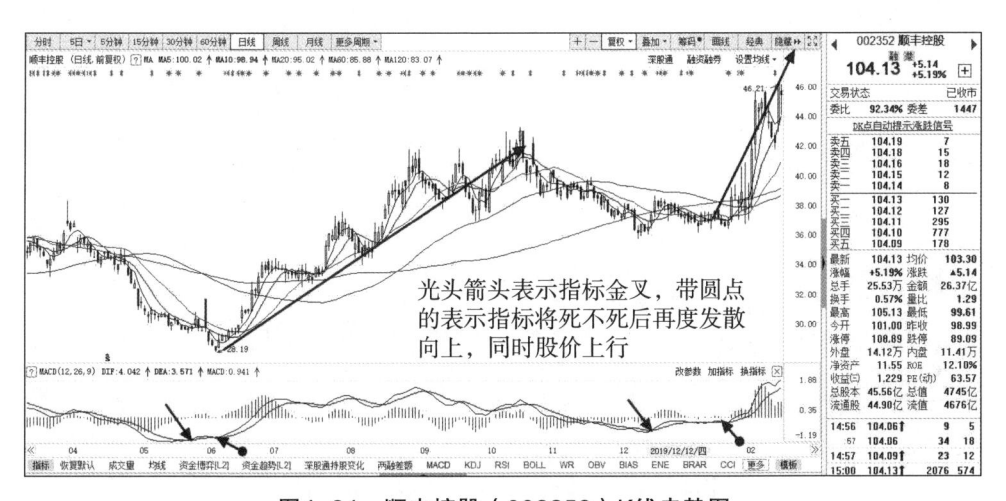

图4-34　顺丰控股（002352）K线走势图

五、金叉上穿0轴—将死不死—重新反弹

（1）技术要点：MACD指标中的DIFF线在0轴之下金叉DEA线，之后

在0轴之上运行一段时间，然后随着股价的回调，DIFF线也开始向下回调。当DIFF线回调到DEA线的时候，两条线黏合成一条线，但并不会出现死叉。此后随着买盘的涌入，股价向上，两条指标线再次分离，多头发散的时候形成买入时机，在形态上呈现为金叉上穿0轴—将死不死—重新反弹的局面，意味着新的涨势开始。

（2）实战意义：该形态的出现多为上行途中的休整或主力洗盘所致，股价在上升途中短暂休整后，呈现强势上攻形态。投资者可将其看作是积极的介入信号，果断买入。

如图4-35所示，美迪西（688202）的走势图。该股自2020年10月20日出现技术性的调整，12月2日该股的MACD指标在0轴之下金叉，发出买入信号。DIFF线上穿0轴后不久，在2021年1月5日出现两条指标线将死不死的状态，此后形成强势的进攻形态。短短十几个交易日，股价涨幅超过70%。

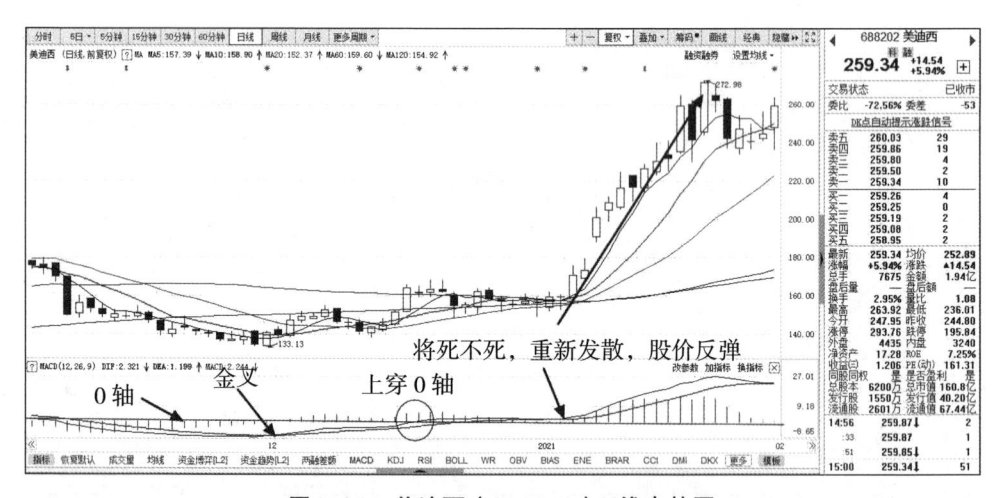

图4-35　美迪西（688202）K线走势图

六、0轴上死叉—金叉

（1）技术要点：该买入形态是DIFF线在0轴之上死叉DEA线，但不下穿0轴，过几天再次在0轴以上金叉DEA线，形态上出现0轴上死叉—金叉的走势，金叉就是进场之时。

（2）实战意义：该形态多出现在上涨途中，是主力洗盘所致。股价经短暂调整后，呈现强劲的上升动力，可以理解为积极的介入信号，应果断买入，如能连续放量，更可坚决看多。

如图4-36所示，先导智能（300450）的走势图。该股在2020年11月16日出现MACD指标的死叉向下调整态势，12月14日出现0轴之上的再度金叉，意味着短线调整结束。随后该股在上涨过程中又出现了0轴之上将死不死的状态，意味着短期做多动能充足，该股在短短一个多月的交易日里涨幅高达40%。

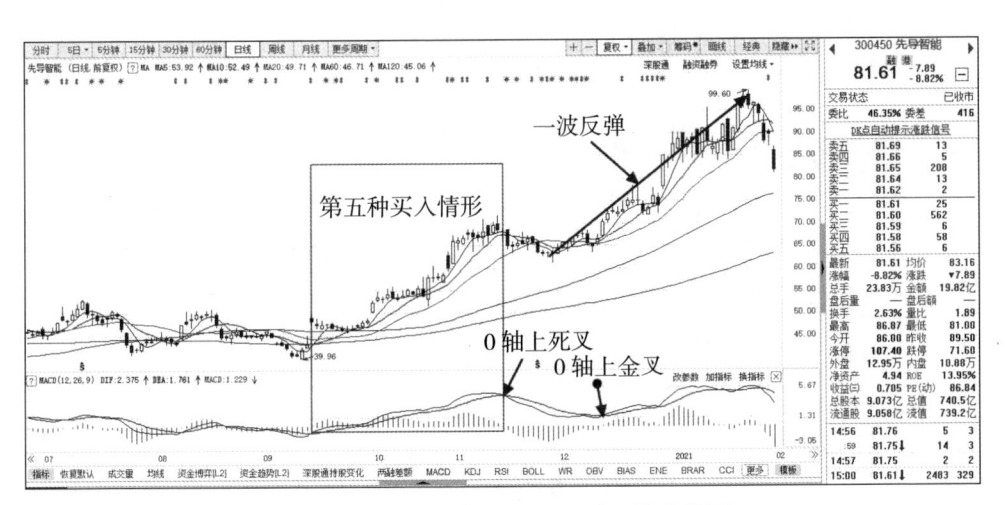

图4-36 先导智能（300450）K线走势图

七、0轴之下—两线黏合运行—金叉

（1）技术要点：MACD指标的两条线DIFF和DEA在0轴之下几乎呈直线运行，随后随着调整的结束，指标形成金叉，在形态上形成0轴之下—两线黏合运行—金叉的走势。一旦金叉，就是买入的好时机。

（2）实战意义：该形态多处于股价持续下跌后的盘整阶段，在持续一段时间后，DIFF线和DEA线形成黄金交叉，形成买入机会。

如图4-37所示，世联行（002285）的走势图。该股自2020年3月26日开始，一直到6月30日，大部分时间MACD指标的两条线都是黏合在一起在0轴之下运行。6月30日之后，MACD指标金叉向上发散运行，呈现买入状态。此时投资者应积极介入，持股待涨。此后，该股到10月份的涨幅高达1.7倍。

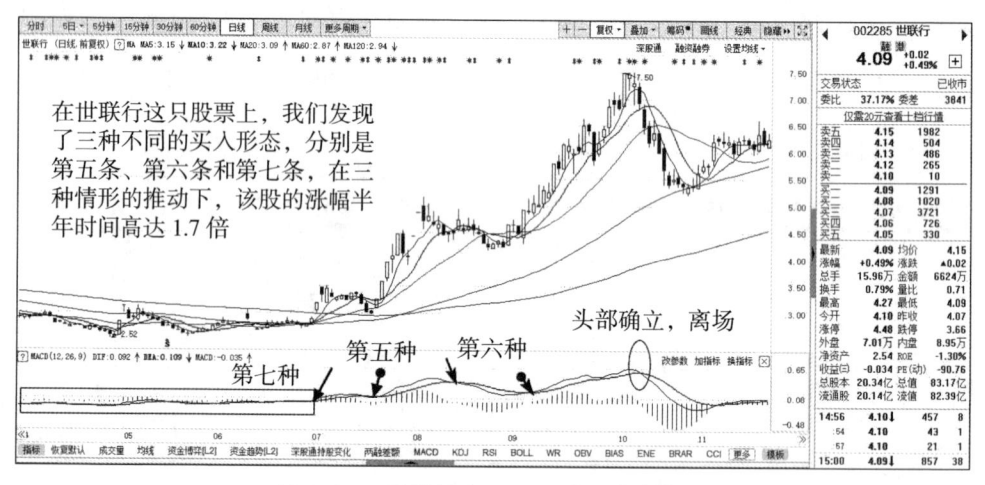

图4-37 世联行（002285）K线走势图

八、0轴下二次金叉—上穿0轴

（1）技术要点：在经过一段时间的调整之后，MACD指标中的DIFF和DEA两条指标线在0轴以下连续两次产生金叉，如果此时再出现上穿0轴的现象，走出0轴下二次金叉—上穿0轴的局面，表明该股的底部构筑即将完成，开始走出底部，可以择机介入。

（2）实战意义：对于这种形态，首先要观察金叉是否为真正的反弹，出现第二次金叉后且上穿0轴的情况，基本上涨势已经确认，要果断买入。

如图4-38所示，久日新材（688199）的走势图。该股在2020年5月3日形成第一个0轴之下的金叉，但是此后不久则出现了死叉。直到5月14日第二个金叉出现后，才是真正的买点出现，此后该股短期出现了一波不错的涨幅，股价从49元上涨到76元。

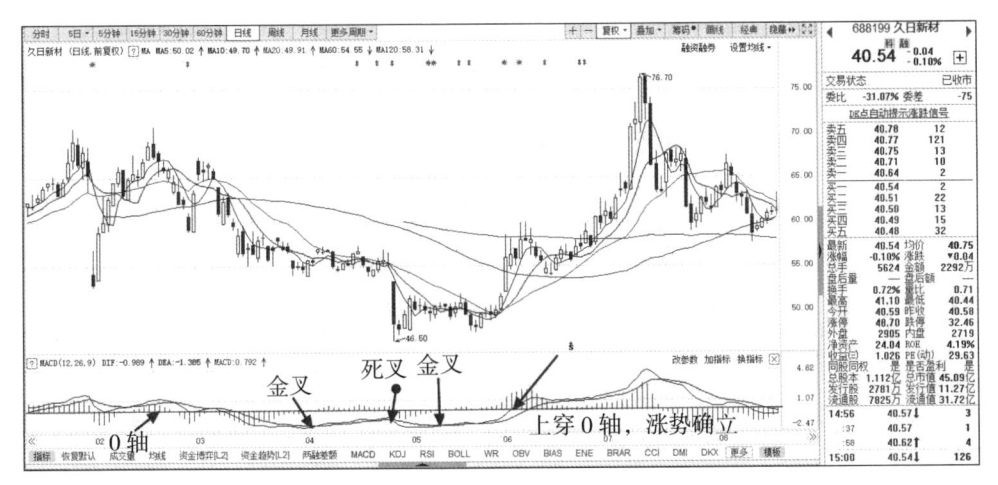

图4-38　久日新材（688199）K线走势图

第八节　MACD指标与0轴的"黄金交叉"

对于MACD指标和0轴来说，它们之间的相交通常有两种情况：一种是从低位自下而上上穿0轴，另一种是从高位自上而下下穿0轴。

一、MACD指标和0轴相交的意义

（1）MACD指标上穿0轴，是市场力量由空头转为多头的信号，股市后期行情看涨，是买入信号。若在上涨期间有成交量放大的配合，预示股价短线走势将更加强劲，投资者可在MACD指标穿过0轴的当日积极买入，在成交量放量时再加码买入。

（2）MACD下穿0轴，是市场力量由多头转变为空头的信号，股市后期行情看跌，是卖出信号。若在下跌期间有成交量放大的配合，预示股价短线走势将更加强劲，投资者应该在穿过0轴的当日平仓出局，持仓观望。

（3）对于MACD指标来说，上穿0轴并不意味着上涨，下穿0轴也不一定会下跌。

（4）当MACD指标的两条线DIFF和DEA在0轴上向右上方运行，股价将一路上扬，MACD指标会距离0轴越来越远。当指标出现拐头，股价开始调整或者下跌时，MACD指标会慢慢向0轴靠拢。当MACD指标到达0轴时，一旦出现下穿0轴的情况，意味着跌势将会加大，应该在此时此处做空。

（5）当MACD指标的两条线DIFF和DEA在0轴下方向右下方运行时，MACD指标距离0轴会越来越远。股价开始休整或者振荡向上时，MACD指标会慢慢向0轴靠拢。当MACD到达0轴时，此时一旦出现上穿0轴的情况，可以认为行情调整告一段落，应该在此处空单平仓出局或者加码做多。

二、MACD指标与0轴"黄金交叉"的三种类型

1. 0轴以下的"黄金交叉"

当DIFF线和DEA线处在远离0轴线以下区域运行并且向下运行很长一段时间后，DIFF线开始进行横向运行或慢慢掉头向上靠近DEA线时，如果DIFF线接着向上突破DEA线，这是MACD指标的第一种"黄金交叉"。它表示股价经过很长一段时间的下跌，并在低位整理后，经过一轮比较大的跌势后，股价将开始反弹，是短线买入信号。

对于这种"黄金交叉"，投资者只能看作是可能出现反弹行情，并不表

示该股的下跌趋势已经彻底结束，股价还有可能出现短暂的反弹行情之后重新下跌的情况，因此应谨慎对待，在设置好止损价位的前提下少量买入，做短线反弹行情。

如图4-39所示，金螳螂（002081）的走势图。该股在2020年10月27日出现0轴线之下的金叉，只不过后期仅仅是出现了一波弱势反弹后，便再度陷入了调整走势中，而且出现了一波中线调整。

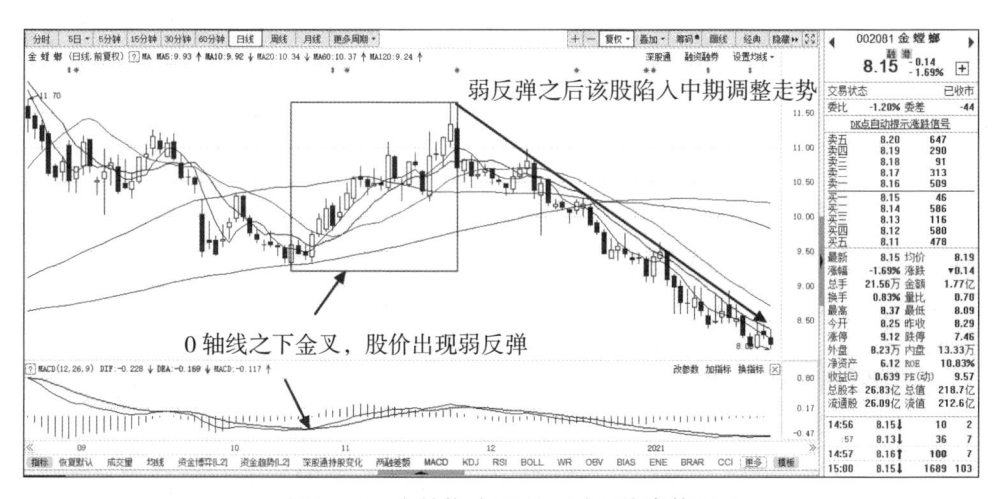

图4-39　金螳螂（002081）K线走势图

2. 0轴线以下的二次金叉

DIFF线在0轴以下金叉DEA线以后，并没有上穿0轴或上穿一点就回到0轴之下，然后向下死叉DEA线，几天以后再次金叉DEA线。该形态为股价在下跌寻底之后抛盘无力之时呈现的底部形态，实盘操作中可以将其看作见底反弹信号，可择机入市。通常个股出现第二次金叉的时候，是一个不错的买点。

如图4-40所示，两面针（600249）的走势图。该股在2020年10月12日、10月21日和11月2日先后出现了金叉、死叉和金叉的现象。第二次金叉出现的时候，该股开始出现红色能量柱，意味着做多动能开始增加，此时是一个介入的好时机。该股后期的走势也证明，确实在短期出现了一波不错的反弹。

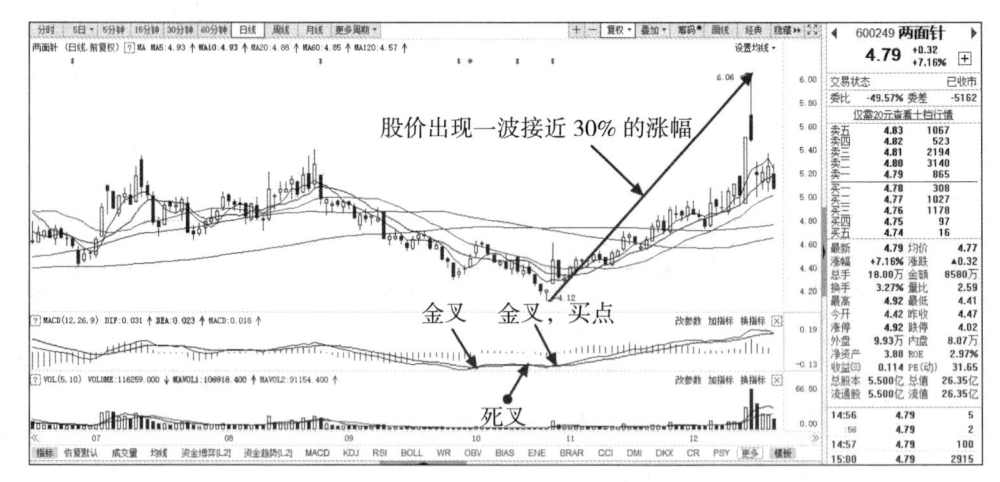

图4-40　两面针（600249）K线走势图

3. 0轴附近的强势"黄金交叉"

当DIFF线和DEA线都运行在0轴附近区域时，如果DIFF线处在DEA线下方并开始由下向上突破DEA线，这是MACD指标的第二种"黄金交叉"。它表示股价在经过一段时间的下跌并在相对低位整理后，将开始一轮比较大的上涨行情，实战操作中是中长线买入信号。它预示着股价可能出现一轮升幅可观的上涨行情，这是买入股票的较好时机。对于这种技术形态，也有人称之为"小鸭出水"。

当股价在底部小幅上升，并经过一段短时间的横盘整理，然后放量向上突破，同时MACD指标出现这种金叉时，是长线买入信号，可长线逢低建仓。

如图4-41所示，金徽酒（603919）的走势图。该股在2020年10月13日出现0轴附近的强势金叉，随后股价一路突破高点上行，一个多月的时间，涨幅高达170%。

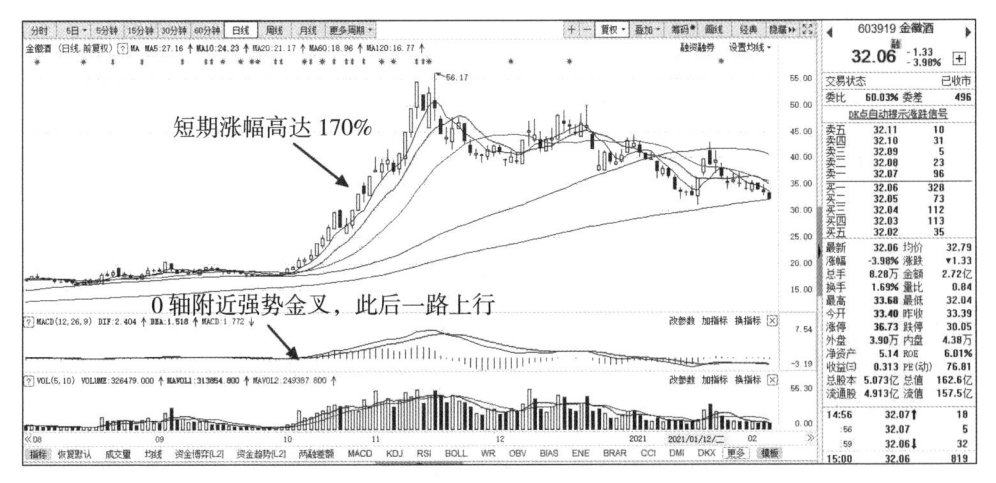

图4-41　金徽酒（603919）K线走势图

当股价是从底部启动并且已经出现一轮涨幅较大的上升行情，并经过上涨途中较长时间的中位缩量回档整理回到0轴线附近，然后股价再次放量调头向上扬升，同时MACD指标出现这种金叉时，是中线买入信号。

如图4-42所示，泸州老窖（000568）的走势图。该股在2020年6月30日形成MACD指标金叉，经历了一波上涨后，MACD指标于2020年8月17日在0轴之上再度金叉。此后MACD指标一直在0轴之上运行，形成新一轮的中级行情。

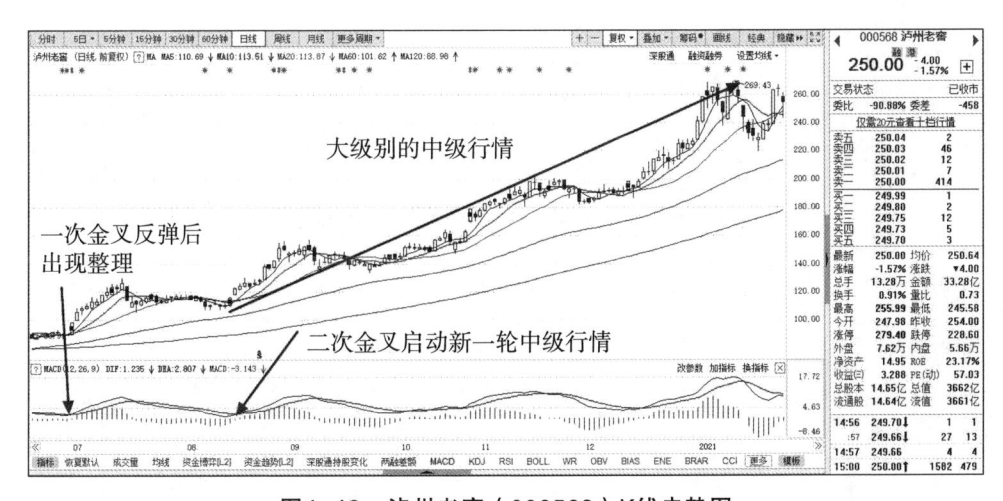

图4-42　泸州老窖（000568）K线走势图

第五章
MACD 指标的特殊用法

第一节　MACD 指标寻找黑马股

一、黑马股的特征

挑选黑马股的前提，就是要准确识别黑马股的特征，而黑马股的具体特征有如下几点。

（1）能成为黑马的个股在启动前总是会遇到各种各样的利空。利空主要表现在：上市公司的经营恶化，有重大诉讼事项，被监管部门谴责和调查，以及在弱市中大比率扩容等。

绝大多数黑马股在股价启动之前的走势都会有一段较长的吸筹期，时间为1~4个月，甚至更长。

如图5-1所示，宜宾纸业（600793）的走势图。该股自2020年2月4日开始，在K线形态上就表现出较长时间的横盘。一直到2020年9月22日，该

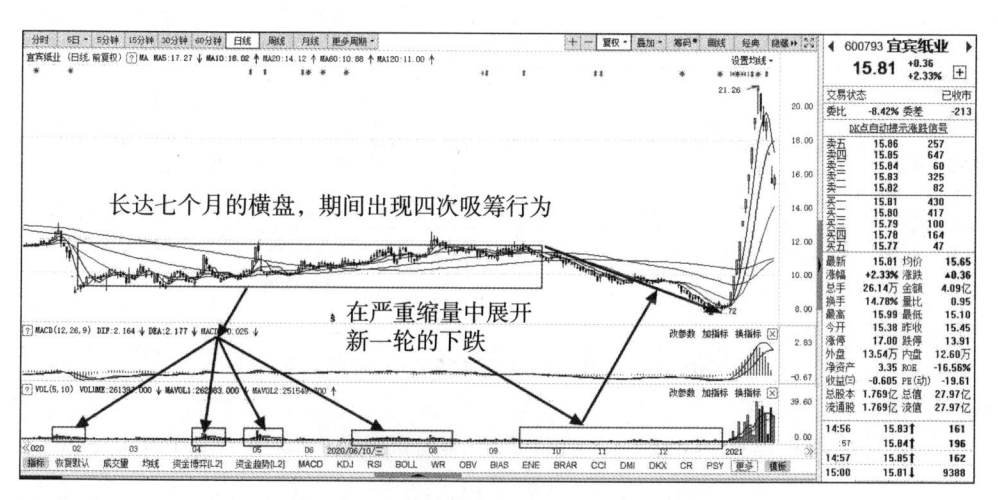

图5-1　宜宾纸业（600793）K线走势图

股的横盘在没有收集到足够筹码的情况下，开启了新一轮的杀跌。在将近三个月的杀跌过程中，该股更是极度缩量，在成交量上几乎表现为细线状。随后该股在2020年12月底出现MACD指标0轴之下金叉，2021年1月6日出现放量拉升。在拉升的过程当中，还在不断地释放年报业绩亏损的利空，但由于主力介入过深，做多坚决，最终出现了十连板的行情。

该股从消息面上分析就是股价提前兑现了利空消息，利空之后就是利好，股价表现出不跌反涨的走势。

（2）黑马股形成前的走势也让投资大众对它不抱希望。

如图5-2所示，小康股份（601127）（现名赛力斯）的走势图。该股在2019年12月到2020年11月之间，走势非常难看，通常是长长的连续性阴线击穿各种技术支撑位，走势形态上也显示出严重的破位状况，各种常用技术指标也表露出弱势格局，使投资者感到后市的下跌空间巨大，心理趋于恐慌，可以说这期间持股的投资者内心是颇受煎熬的。

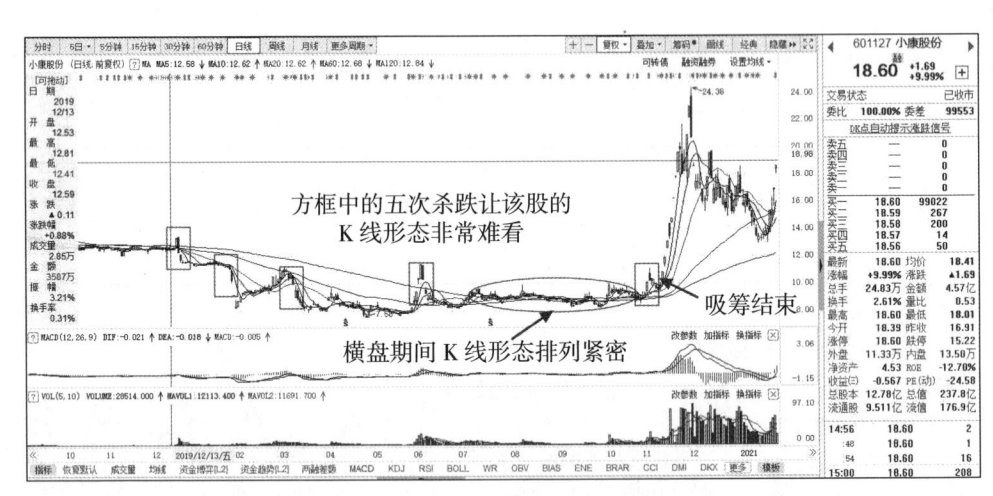

图5-2　小康股份（601127）K线走势图

但是观察小康股份的K线，其在底部横盘时的K线形状排列得十分紧密、整齐，而且时不时采用一小波拉升的方式索取筹码，说明庄家不仅掌握了较多的筹码，而且有较强的控盘能力。

随后投资者可以发现，该股在进入2020年11月之后，主力的筹码吸收完毕，开启拉升模式。然而让投资者感觉难受的是，主力在真正启动拉升之前还做了一个日线五连阴的局，之后才正式启动拉升。短短不到一个月的时间，该股股价翻番。

分析该股就是在股价启动之前没人会对它抱有希望，在做汽车配件的个股当中，该股不仅盘子小，而且还亏损，就是在这样的背景下，才成为了黑马股。

（3）能成为黑马的个股在筑底阶段会有不自然的放量现象，量能的有效放大显示出有增量资金在积极介入。如果放量时股价保持不跌，常常说明有主力资金正在趁机建仓。因此，这一特征反映出该股未来很有可能成为黑马股，投资者对这一特征应重点加以关注。

二、黑马股的技术信号

（1）个股股价长期下跌，出现企稳后再上涨的过程中，成交量逐渐放大，回调缩量，日K线图上阳线多于阴线。阳线放量，成交量峰值也是上升状态，这种情况说明主力处于收集筹码的状态。

如图5-3所示，联创股份（300343）的走势图。该股在成为黑马股之前，主力潜伏了将近两年的时间，股价最低到了不足2元的位置。但是该股随后不断在底部股价不再创新低的时候出现量能堆积现象，而且上升时成交量放大，回档时成交量萎缩，日K线图上阳线多于阴线。阳线对应的成交量呈明显放大的特征，用一条斜线把成交量峰值相连，明显呈上升状。从2019年7月到2021年7月，经过两年的筹码收集后，股价开始启动，到2021年9月，该股股价高达29.90元，相比当初不到2元的价格，涨幅高达十几倍。

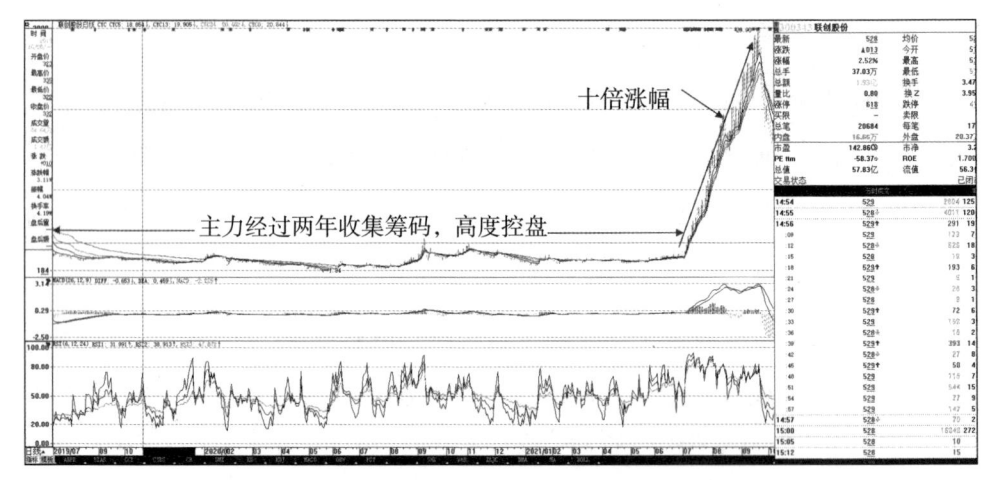

图5-3　联创股份（300343）K线走势图

（2）技术形态走出了圆弧状，成交量越来越小。下跌缺乏动力，主力悄悄收集筹码，圆弧底右侧的成交量开始逐步放大，股价因主力介入而底部抬高，成交量呈斜线放大特征。

如图5-4所示，北斗星通（002151）的走势图。在2020年7月成为黑马股之前，该股经历了两次日线技术形态圆弧底，一次是2020年3月，一次是2020年7月。每次的圆弧底都因为主力的介入而抬高股价，进入2020年7月后，该股主力筹码收集完毕，股价快速启动，不到半个月时间，股价翻番。

（3）股价低迷时刻，上市公布利空，股价大幅低开，引发广大中小散户抛售。主力介入，股价随后上扬，成交量放大。股价该跌时反而大幅上扬，唯有主力庄家才敢逆市而为，可确认主力介入。

如图5-5所示，中成股份（000151）的走势图。在2022年5月18日启动之前，该股股价已经连续在低位横盘了一年之久。4月28日，也就是开启一波牛市行情之前，该股发布当年的一季报，业绩亏损超过80%，股价更是创下短期新低6.85元。反观该股在拉升之前的走势，其技术形态已经显示多头，而且伴随着成交量的放大，其底部也在不断抬高，发布消息仅仅是主力摆下的迷魂阵罢了。随后短短一个多月的时间，股价飙升两倍多。

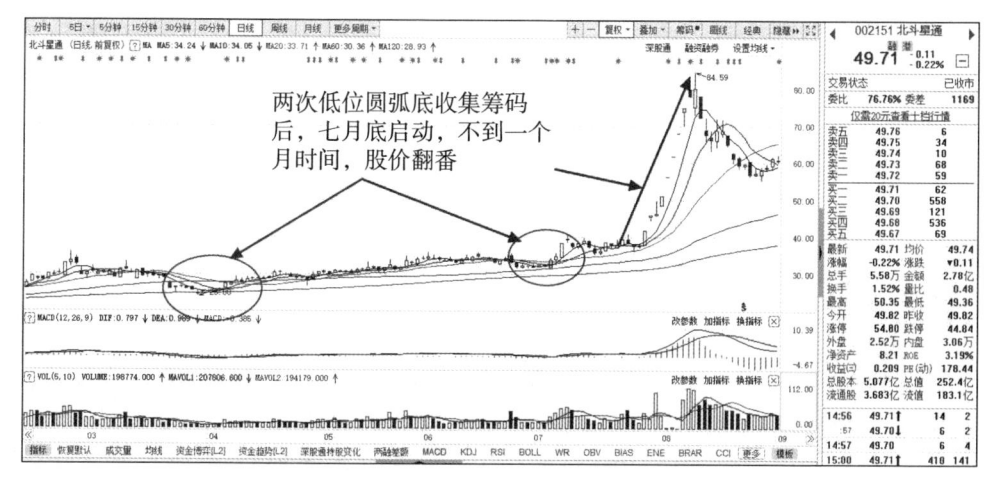

图5-4 北斗星通（002151）K线走势图

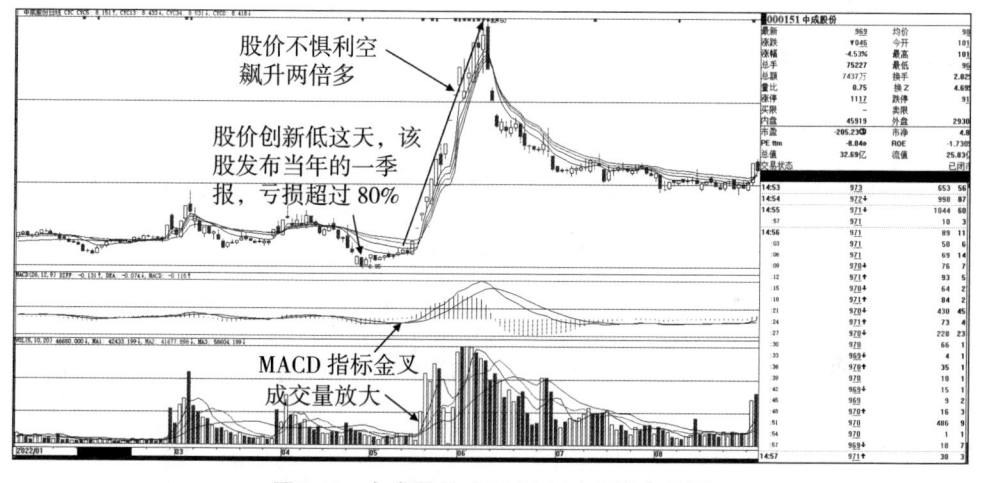

图5-5 中成股份（000151）K线走势图

（4）股价呈长方形上下振荡，上扬时成交量放大，下跌时成交量萎缩，经过很长一段时间的洗筹后，主力吓退跟风者，之后进一步放量上攻。

如图5-6所示，因赛集团（300781）的走势图。在2020年10月股价启动之前，将近五个月的时间里股价呈长方形上下振荡，上扬时成交量放大，下跌时成交量萎缩。如此反复的洗筹之后，该股在10月20日启动放量上攻的走势，股价短期涨幅超过70%。

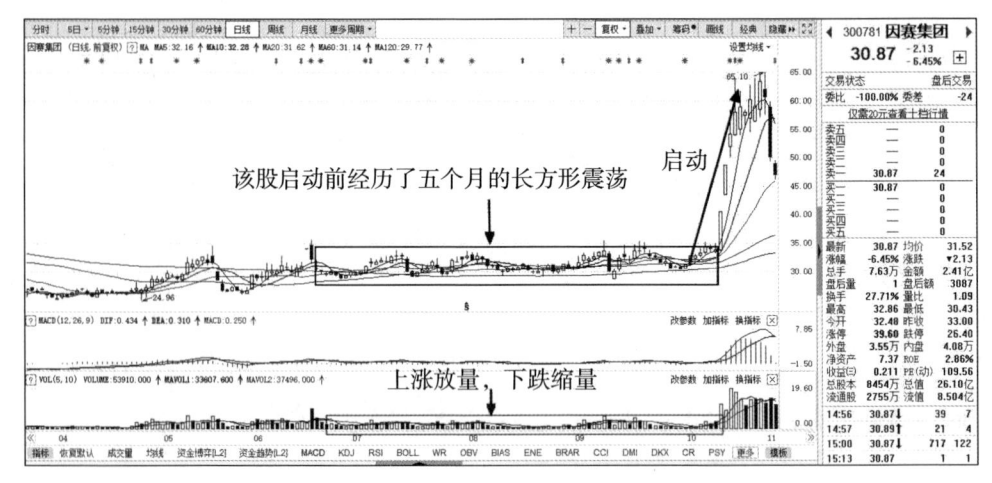

图5-6 因赛集团（300781）K线走势图

三、MACD指标擒"黑马"

运用MACD指标寻找黑马股，要选择股价经过深幅下挫、长期横盘的个股，同时伴随成交量的极度萎缩，继而股价开始小幅扬升，MACD指标上穿0轴。这个时候还不是介入时机，还应耐心等待股价回调，观察MACD指标是否回至0轴之下，股价是否再创下新低。在股价不创新低的前提下，股价再次上扬，同时MACD指标再次向上穿越0轴时，则选定该股，此时为最佳买进时机。

1. 选股原则

（1）深幅回调。股价从前期历史高点回落的幅度，就质优股而言，回落30%左右；对一般性个股来说，股价折半；而对于劣质股，其股价要砍去2/3才可谓深幅回落。这里必须结合对股票质地的研究，例如对于高成长性的绩优股来说，跌去1/3就属不易，这里没有绝对的标准。因此必须辩证地看待某只个股的跌幅，当投资者对此把握不准时，建议重点关注股价已跌去2/3的个股。

如图5-7所示，中交地产（000736）的走势图。在2020年5月25日成为黑马股前，股价就从3月5日的最高价8.45元跌到了5月25日的5.09元（复权价），随后短期股价快速启动，到7月7日一个多月时间里，股价接近翻番。

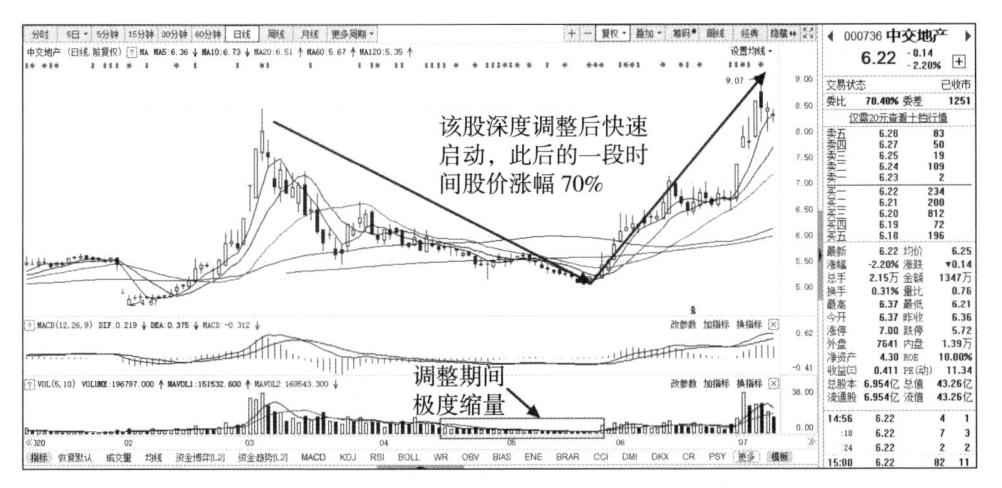

图5-7 中交地产（000736）K线走势图

（2）长期缩量横盘。这类股票通常都是前期经过一波大幅拉升后，股价陷入沉寂，甚至是经历了一波下跌后，会再经历几个月甚至更久的缩量横盘模式。随后该股的30日、60日、120日等中长期均线在长期横盘过程中由下降趋势逐渐转平，即股价的下降趋势已改变，中长期投资者的平均持股成本已趋于一致，这时股价才对新多头有吸引力。一旦股价出现放量拉升，则预示着一波行情的到来。

如图5-8所示，省广股份（002400）的走势图。在2020年4月成为黑马股之前，该股经历了长达两年的缩量横盘模式，在这个过程中，虽然说有两次短暂的拉升，也是主力的吸筹行为。2020年4月9日，该股最终放量启动，两个月时间，股价涨了四倍多，成为2020年名副其实的黑马股。

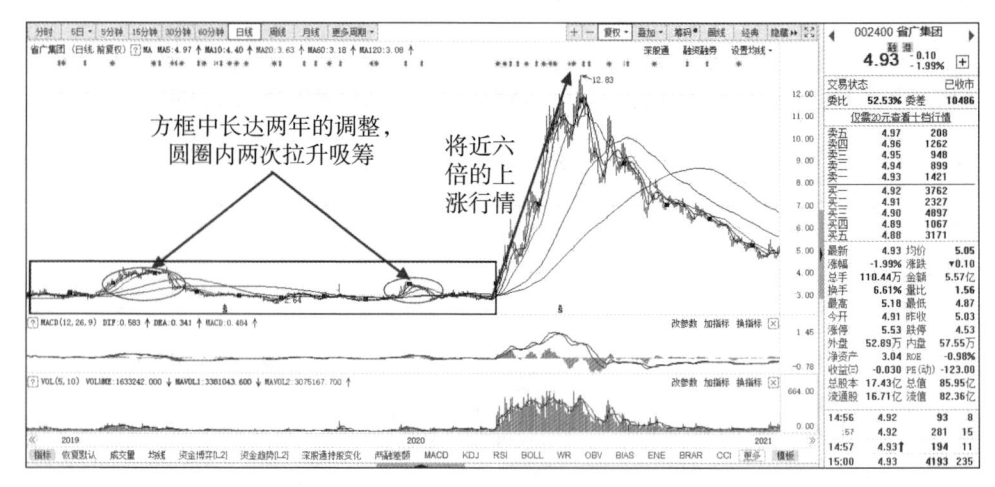

图5-8 省广股份（002400）K线走势图

如图5-9所示，光启技术（002625）的走势图。该股在2020年7月7日启动之前，也经历了一波长达一年多时间的横盘整理，直到主力收集到了足够多的筹码为止。

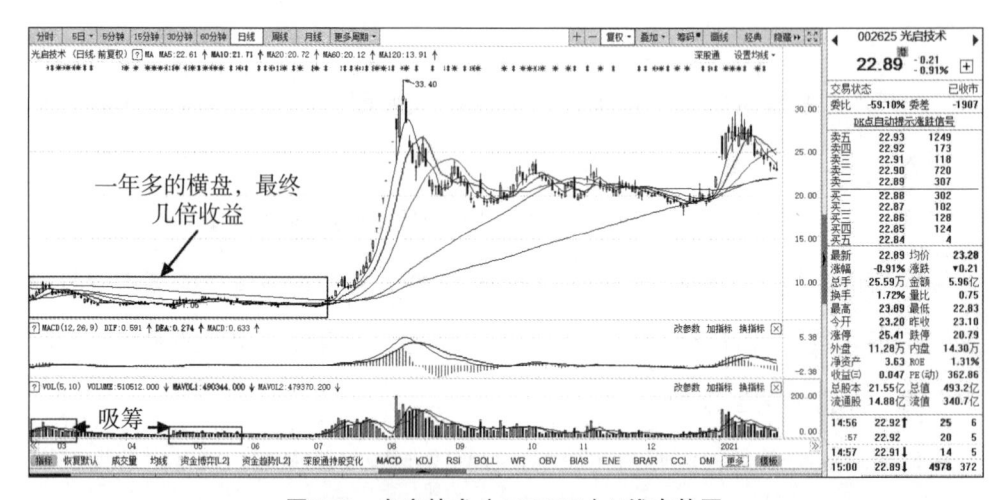

图5-9 光启技术（002625）K线走势图

（3）买在MACD指标第二次上穿0轴时。在实际操作过程中，通常在MACD指标第一次上穿0轴时不动，因为股价经过大幅下跌后，第一波段行情极有可能是被套机构的解套行情。即使是新多头的建仓动作，绝大多数情况也还存在一个较残酷的洗盘过程。因此，MACD指标第一次上穿0轴时投资者可以选择不动，而是在第二次上穿0轴后选择介入，可以短期快速获得不菲的收益。

如图5-10所示，迪安诊断（300244）的走势图。2020年4月14日前后，该股的MACD指标第一次上穿0轴，但这一次并不是最好的买点。时隔将近一个月，也就是6月1日，MACD指标第二次上穿0轴后，才是该股真正的买点。此后股价快速拉升，在不到一个月的时间里实现了翻番。

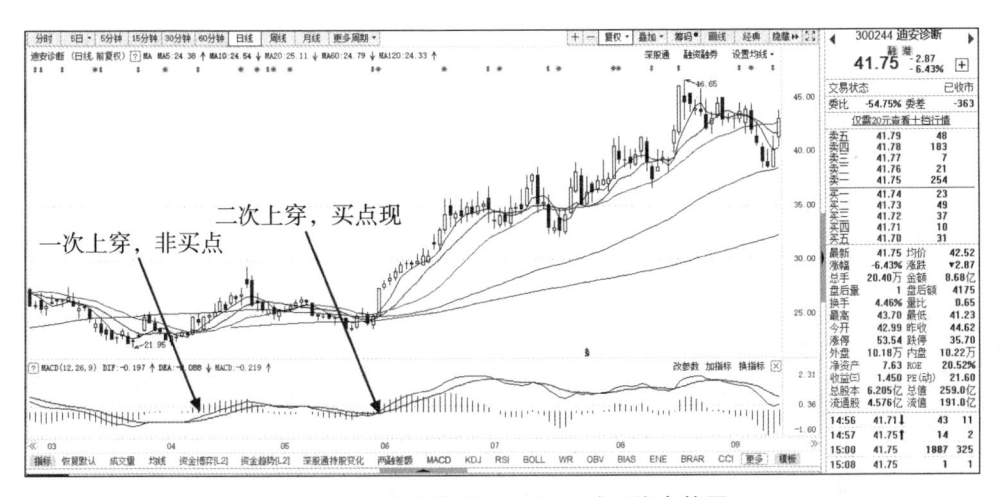

图5-10 迪安诊断（300244）K线走势图

（4）股价不再创新低是前提。在寻找黑马股的过程中，如果在一个下降趋势中找底，是一种极不明智的行为，因此，股价不再创新低，是保证投资者只在上升趋势中操作的一个重要原则。在此基础之上，伴随着股价上扬，MACD指标再次上穿0轴，又一波升浪已起，方可初步确认已到中线建仓良机，也即意味着此时可能出现黑马潜力股。

如图5-11所示，荣丰控股（000668）的走势图。该股在2019年11月8日开始下跌，一直到2020年3月17日之前，找底部都是不明智的。此后该股价格缓慢上行，一直到5月18日才出现真正意义上的底部，此后该股快速走出了一波翻倍行情。

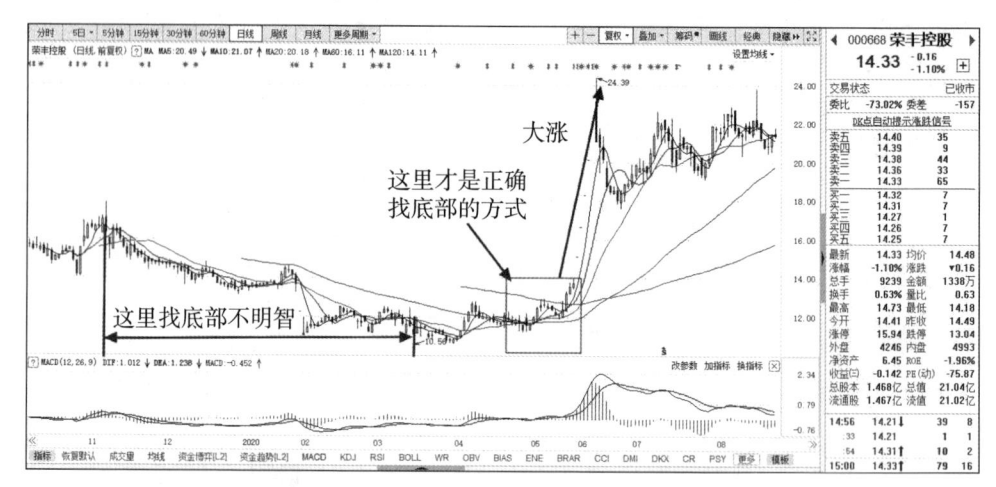

图5-11　荣丰控股（000668）K线走势图

2. 注意事项

利用上述原则选择并买入潜力个股后，如果股价不涨反跌，MACD指标再次回到0轴之下，应密切关注股价动向，一旦股价创下新低，说明下跌趋势未止，应坚决止损出局，否则应视为反复筑底的洗盘行为。

第二节　MACD指标挑选大牛股

一、牛股的定义

牛股是指在一个时间段内，涨幅和换手率尤其是涨幅，均远远高于其他个股的股票。一般来说，大牛股都有题材较好、业绩良好、振幅弹性较强等共性。

二、牛股的MACD指标特征

（1）MACD指标在0轴以下收集筹码，在0轴附近振荡洗筹，在0轴以上拉升。

（2）MACD指标以0轴为中心线，0轴以上为强势，0轴以下为弱势。

（3）股价在跌落，周K线图中20日、30日、40日均线压在股价上，但MACD指标在0轴以下慢慢上升，且MACD指标的DIFF线与DEA线构成金叉。

（4）当某一周MACD指标的DIFF线和DEA线接近0轴时，0轴上的红柱缓慢缩小，但此时DIFF线和DEA线不再大幅下降，而是贴近0轴运行，这时要准备好资金择机入场。

（5）主力洗筹阶段的成交量都很小，甚至不足强势上涨期间的十分之一。

（6）牛股的洗筹时间一般要5至10周，庄家不急于拉升，有两个企图，一是洗筹越充分，今后拉升越轻松；二是在等待时机，或等待大盘走好，人气旺盛，或等待政策面出利好。等主力洗筹结束进入拉升时，要果断介入。

三、MACD指标选牛股的技巧

1. 均线纠缠后发散+MACD指标金叉

技术要点主要有以下三点。

（1）上涨初期，5日、20日、30日、60日均线逐渐纠缠在一起。

（2）一根大阳线突破纠缠住的均线，站在所有均线之上。

（3）MACD指标金叉。

如图5-12所示，盈康生命（300143）的走势图。该股在2020年6月3日以一根大阳线站上所有的均线，在此之前，虽然说股价的底部不断抬高，股价小幅上行，但远远达不到牛股的标准。在当天一根大阳线后，MACD指标在0轴之上金叉，这充分意味着一波行情的到来。而随后三个月的时间，股价成功实现翻倍行情。

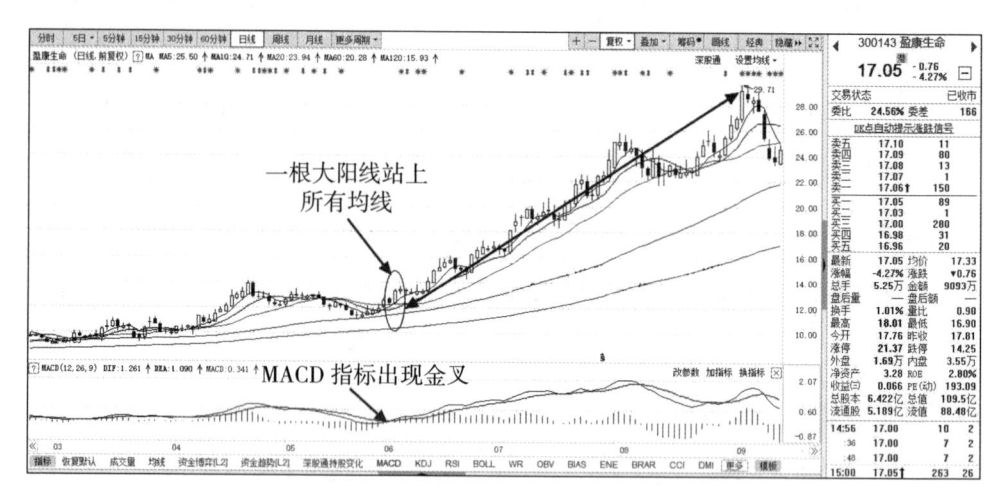

图5-12 盈康生命（300143）K线走势图

2. MACD指标二次金叉

MACD指标在低位走出第一次金叉时，股价大多上涨幅度有限，或小涨后再度出现回调，直到有新的做多力量进场。这个时候投资者可以等待MACD指标在低位出现第二次金叉后，再寻求介入的机会，这样股价高涨的概率和力度会更大一些。二次金叉既可以是0轴之下，也可以是0轴之上。

（1）形态解析。

①MACD指标二次金叉形态所用的参数一般为12、26、9。

②MACD指标二次金叉形态要求MACD指标的DIFF线连续两次上穿DEA线。

③当MACD指标的DIFF线连续两次上穿DEA线之后，若日K线图上出现止跌K线形态，则增强该形态的看涨信号。

（2）技术要点。

①第二次金叉与第一次金叉的距离越近越好。

②MACD指标第二次金叉的位置以高于第一次金叉为好。

③MACD指标第二次金叉时，结合K线形态上的攻击形态研判（如多方炮、平台突破等），可增加成功率。

④配合趋势和背离形态选股，能够提高准确率和成功率。

"MACD指标二次金叉"形态在短期内是捕捉牛股的有效方法，若利用其判断个股的长线走势，投资者应结合公司基本面、整个市场趋势等因素。同时，在周、月线图表上出现"MACD指标二次金叉"时，也为个股的看涨形态。

如图5-13所示，周大生（002867）的走势图。2020年6月1日，该股出现第一次MACD指标在0轴上的金叉，但不是买点。当其在2020年7月1日出现第二次金叉后，才是这波行情真正的买点，股价短期涨幅超过50%。

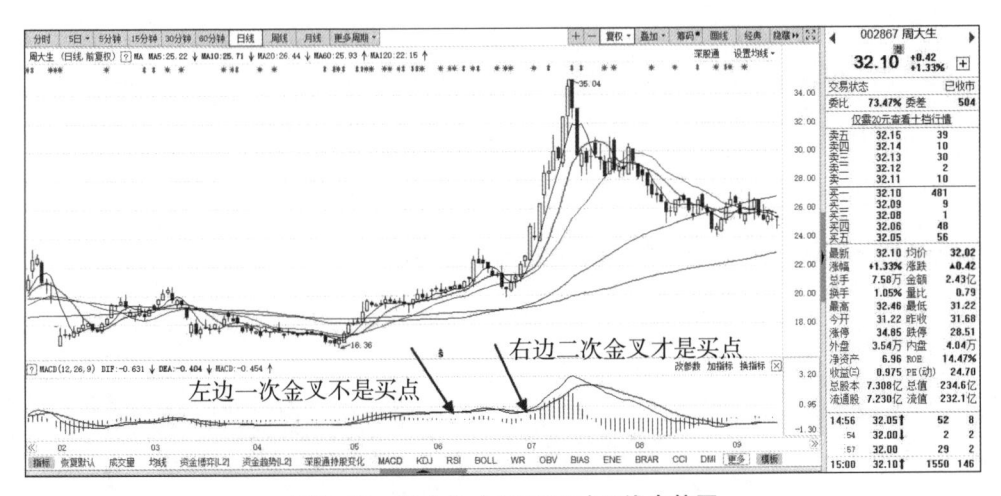

图5-13 周大生（002867）K线走势图

（3）注意事项。

①MACD指标第二次金叉时，股价最好底部抬高或走平，但不能创新低，并且图形形态流畅。

②MACD指标二次金叉时，成交量放出的程度最好大于第一次金叉放出的程度。

③MACD指标第二次金叉时，最好在0轴以上出现，上涨的成功率会明显提高。

3. MACD指标空中加油

DIFF线与DEA线金叉后，随股价的上行而向上，接下来又跟着股价回调而向下。主力洗盘时，股价回调使得DIFF线回调到DEA线附近后，DIFF线立即调头向上，形成二次向上的形态，此时的均线系统往往是多头排列。对于这种形态，还有一种叫法称为"佛手向上"。

技术要点主要有以下三点。

①这类股票首先是经过了一波反弹，而不是下跌趋势的个股。

②MACD指标空中加油的时候不能死叉，且DIFF线和DEA线都要在0轴之上。

③股票的技术形态不能呈现出顶部态势。

如图5-14所示，天舟文化（300148）的走势图。该股自2020年5月29日启动，经过一段时间的反弹后，在2020年7月1日走出空中加油的走势，随后该股快速拉升，随后一周多的时间涨幅高达40%。

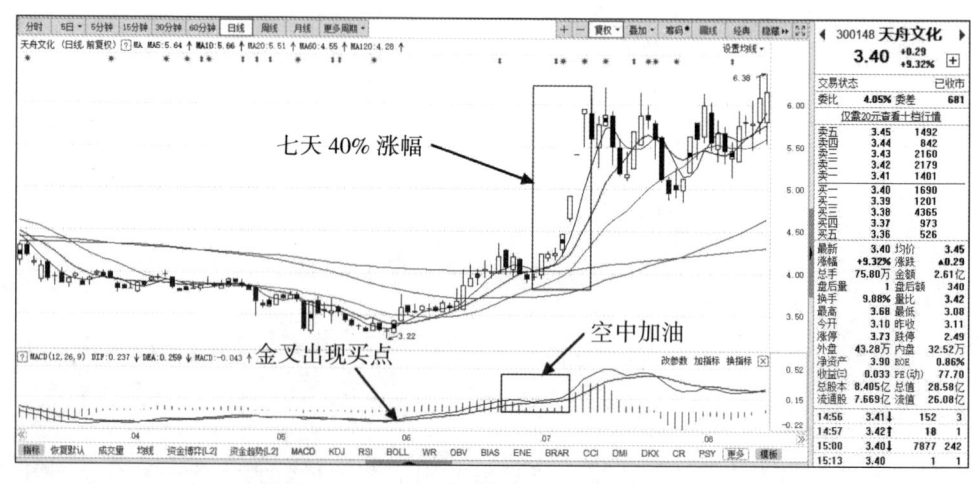

图5-14 天舟文化（300148）K线走势图

第三节 MACD 捕捉主升浪起涨点

在实战中，当MACD指标以大角度变化，表示快的移动平均线和慢的移动平均线的差距在非常迅速地拉开，代表了一个市场大趋势的转变。在选股尤其是选强势股方面，MACD指标有着非常重要的作用，如果运用得好，可以成功地捕捉到行情主升浪的起涨点。

一、主升浪的定义

如果一个波浪的趋势方向和比它高一层次的波浪的趋势方向相同，那么这个波浪就被称为主升浪。

一轮行情中涨幅最大，上升持续时间最长的行情为主升浪行情。主升浪起源于波浪理论中的第3浪。主升浪行情往往是在大盘强势调整后迅速展开，它是一轮行情中投资者的主要获利阶段，绝对不可以踏空。

二、判定主升浪的三个原则

（1）日、周K线的均线最好是多头排列。

对于能够出现主升浪的个股来说，其日线和周线中的均线一定呈现多头排列，且向右上方倾斜发散的走势。

（2）MACD指标呈现出明显的强势特征。

在主升浪行情中，MACD指标具有明显的强势特征，DIFF线始终处于DEA线之上，即使大盘出现强势调整，DIFF线和DEA线也不会轻易跌破0轴。同时，MACD指标的红色柱状线也处于一个短暂缩短后再度增长的趋势。这时可以确认主升浪行情正在迅速启动。

（3）KDJ指标高位钝化但不会有效下跌。

在主升浪行情中，日线随机指标KDJ通常表现为反复在高位金叉和死叉，但其周线和月线的KDJ指标则是向上的趋势。一旦其周线或月线的KDJ指标发出做空信号，要警惕行情的结束。

三、出现主升浪的四种情况

通常如下四种情况最容易出现主升浪行情机会。

（1）MACD指标的DIFF线和DEA线长期贴近0轴运转，一旦DIFF线和DEA线出现上行穿过0轴，将有可能出现主升浪行情。

如图5-15所示，渤海轮渡（603167）的走势图。在2020年7月31日股价启动之前，该股MACD指标中的DIFF线和DEA线长期贴近0轴运转长达三个月，随后DIFF线和DEA线在8月3日出现上行穿过0轴，一波主升浪行情就此展开。

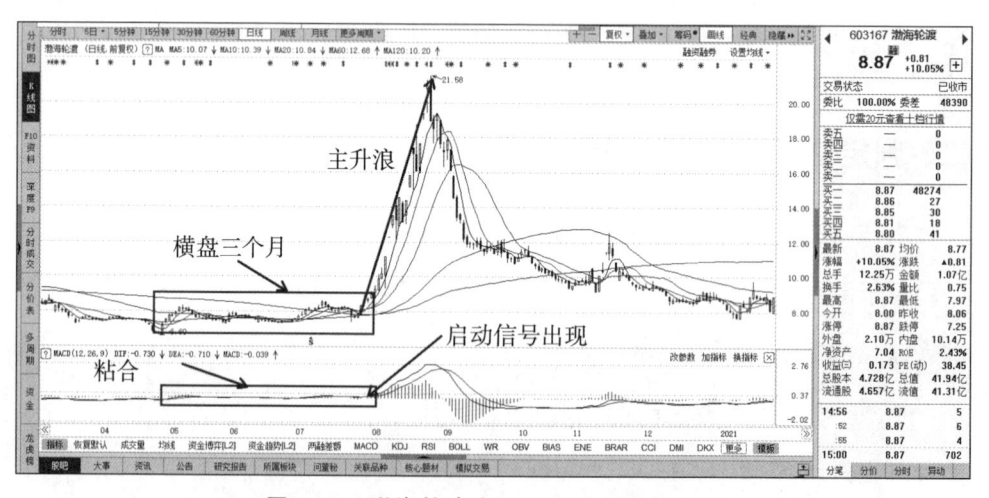

图5-15　渤海轮渡（603167）K线走势图

如图5-16所示，光大证券（601788）的走势图。该股在2019年6月19日到2020年6月19日期间，MACD指标贴合0轴运行了整整一年的时间，随后DIFF线和DEA线出现上行穿过0轴，一波主升浪行情启动。

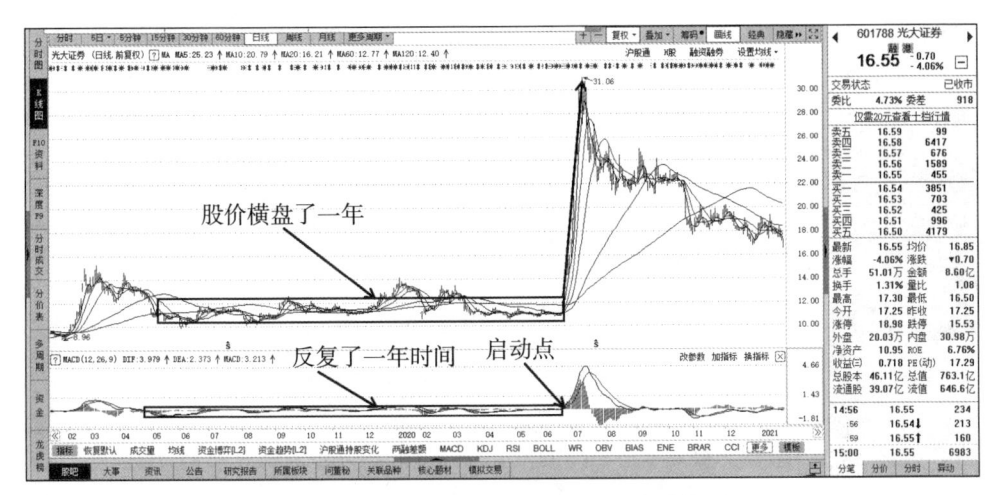

图5-16　光大证券（601788）K线走势图

（2）三点绿空中加油。MACD指标飘绿不是好事，但只飘不到3点绿（最多不超过4个点），再次放量上攻，出现红柱的，就是强庄上攻。股价维持一段上升趋势后出现调整，但MACD指标的绿柱仅出现不到3根绿柱，再做放量上攻的，股价继续上涨。

如图5-17所示，智飞生物（300122）的走势图。该股在2020年7月3日和7月9日之间出现了三绿点的空中加油模式，随后该股再度强势上涨，走出一波主升浪行情。

（3）鳄鱼嘴。MACD指标0轴之上金叉有一种特殊的形态，就是指标在金叉之后，两条线之间的开口会一直增大，而且非常快，很像是一个等待觅食的鳄鱼嘴巴。在实际操作过程中，很多牛股的启动形态都是MACD指标出现鳄鱼嘴形态，并且此形态也可应用于30分钟图。MACD指标的DIFF线和DEA线在0轴附近出现鳄鱼嘴形态，继续看涨。

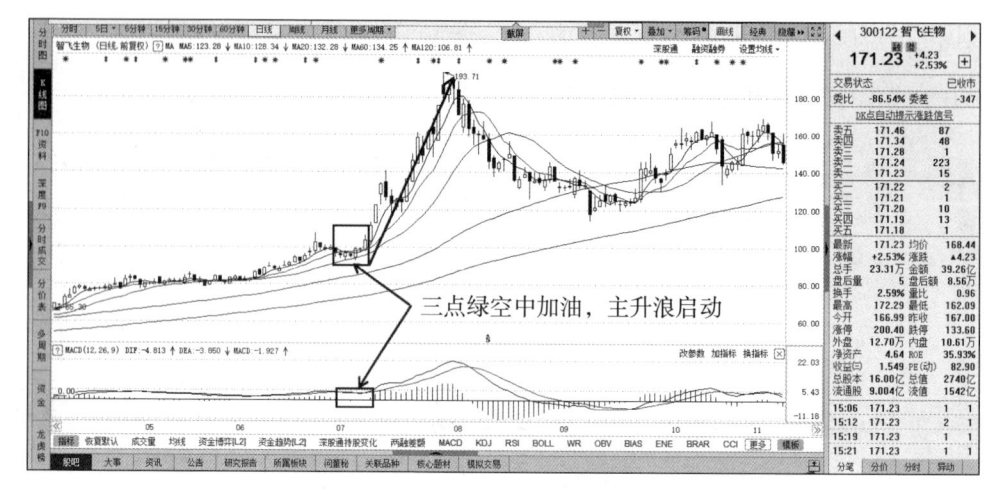

图5-17 智飞生物（300122）K线走势图

如图5-18所示，德赛西威（002920）的走势图。2020年12月28日，该股MACD指标中的DIFF线和DEA线在0轴附近出现鳄鱼嘴形态，一波主升浪行情就此展开。

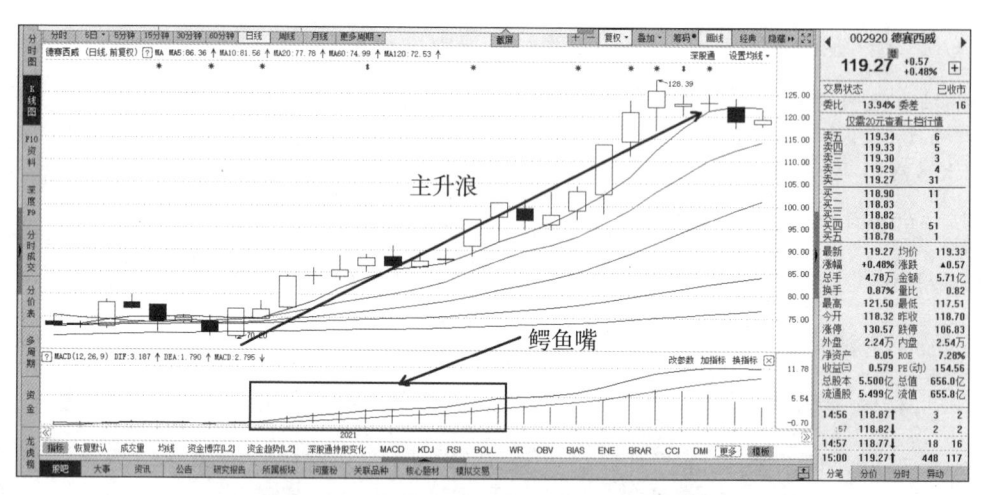

图5-18 德赛西威（002920）K线走势图

如图5-19所示，紫光国微（002049）的走势图。该股在2020年6月29日前后MACD指标出现鳄鱼嘴形态，短短几天，主升浪行情的涨幅高达100%。

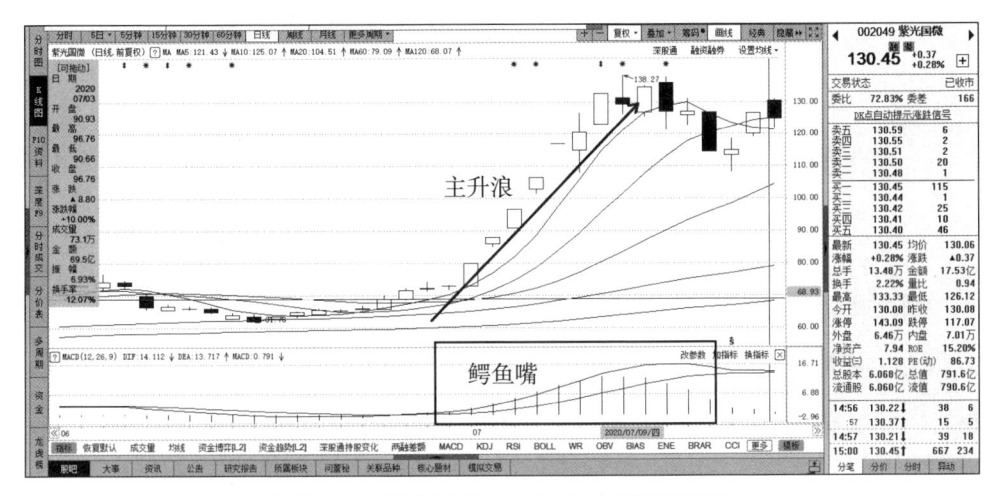

图5-19　紫光国微（002049）K线走势图

（4）0轴之上第一次金叉。MACD指标的DIFF线和DEA线在0轴上方第一次金叉，就是一个买点，且准确率很高。

如图5-20所示，恩捷股份（002812）的走势图。该股在2020年12月4日出现MACD指标第一次在0轴之上金叉的情况，结合其他技术指标，投资者可以发现该股的买点出现，随后其短线走出一波主升浪行情。

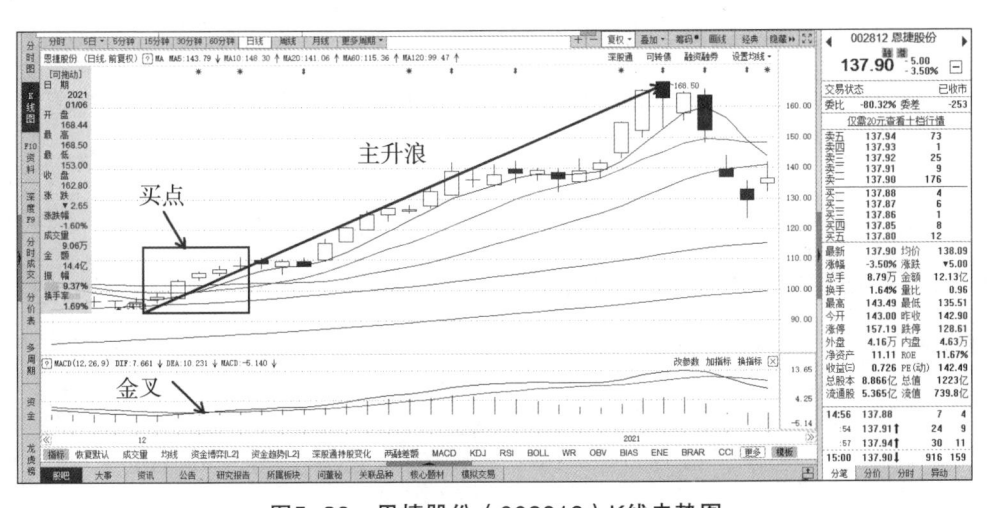

图5-20　恩捷股份（002812）K线走势图

第四节　周线 MACD 指标技战术分析

在MACD指标的使用当中，周线MACD指标的使用是颇为常见的，这是因为周线MACD指标出现金叉，代表着一个多头市场即将形成。运用周线MACD指标的金叉买入、死叉卖出，更适合投资者做中长线投资。

一、三种买入形态

（1）周线MACD指标处于0轴上方，某一时段向下回调，靠近或者出现跌破0轴的情况，但是在月线的MACD指标还没有走坏的情况下，可以持股。

如图5-21所示，深南电路（002916）的走势图。该股的周线MACD指标在2019年5月出现了靠近0轴，甚至跌破0轴的走势。这个时候观察该股的月线MACD指标，则是一个持续上行的局面。那么从长远的角度看，投资者可以不必担心其短线调整带来的压力，可以进行长线操作。该股后期的走势也确实如月线MACD指标显示的那样，一直到2020年7月才出现真正意义上的中线调整。

（2）周线MACD指标0轴之下出现金叉或者即将金叉，如果此时月线的形态也是处于底部，说明该股处于一个适合做长线的状态。对于大胆的投资者来说，可以择机进场，做长线投资。

如图5-22所示，百润股份（002568）的走势图。该股的周线MACD指标在2019年2月出现金叉，与此同时，其月线的MACD指标也同时出现低位金叉的走势，两个指标在形态上发出完美的长线进场信号，此时投资者应果

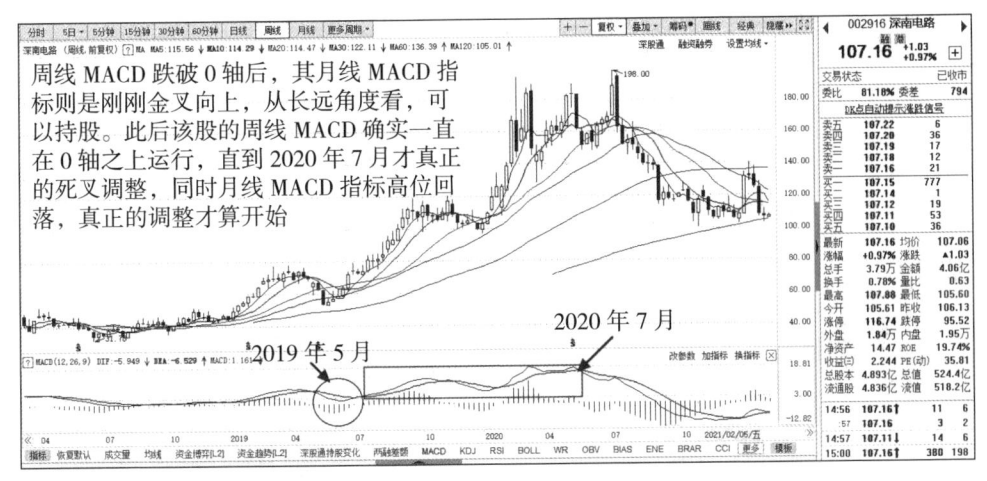

图5-21　深南电路（002916）K线走势图

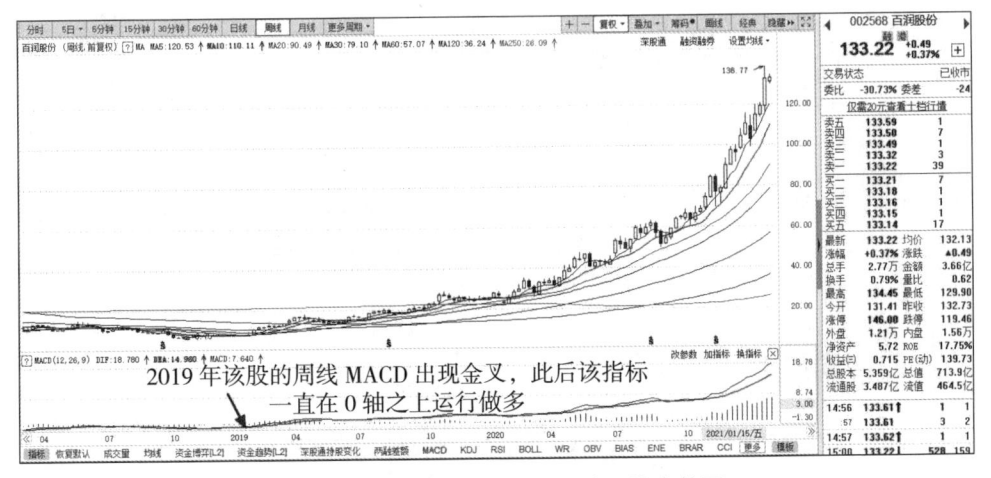

图5-22　百润股份（002568）K线走势图

断进场买入。此后该股的周线指标一直在0轴之上运行，而月线的MACD指标则是持续放大。从长线持股的角度看，该股从2019年的不足8元涨到2021年2月的130元附近，其涨幅高达十几倍，成为一只跨年的超级大牛股。

（3）周线MACD指标处于0轴下方，如果开始向0轴靠拢，并出现上穿0轴的情况，结合月线MACD指标，可以考虑做长线布局。

如图5-23所示，顾家家居（603816）的走势图。该股的周线MACD

指标在2019年8月开始向0轴靠拢，9月DIFF线率先突破0轴，而此时月线MACD指标中的绿柱缩短，并向0轴靠拢，并在2019年11月出现0轴之下的金叉。至此，其周线和月线的MACD指标同时发出买入信号，此时投资者应果断买入。其后一年的时间，该股从35元左右上涨到2021年2月初的86元，涨幅超过一倍。

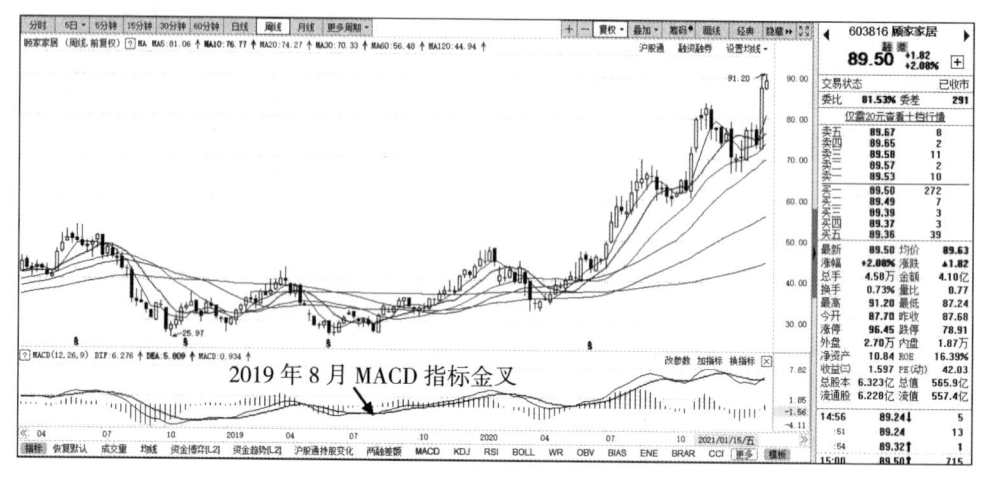

图5-23 顾家家居（603816）K线走势图

二、四种卖出形态

（1）对于周线、月线的MACD指标同时处于回调且周线率先跌破0轴的个股，预示其长期走势将会走弱，那么此股不宜作长线布局，短期获利走人或者及时离场为上策。

如图5-24所示，红旗连锁（002697）的走势图。该股的周线MACD指标在2020年7月高位死叉，9月DIFF指标率先跌破0轴，与此同时，其月线的MACD指标也在9月出现了死叉向下的走势，预示着该股中期趋势已经转向空头，此时投资者应果断离场或者获利了结。该股后期的走势也确实出现了大幅度的回调，相比于2020年7月的高价，到2021年2月，股价已经腰斩。

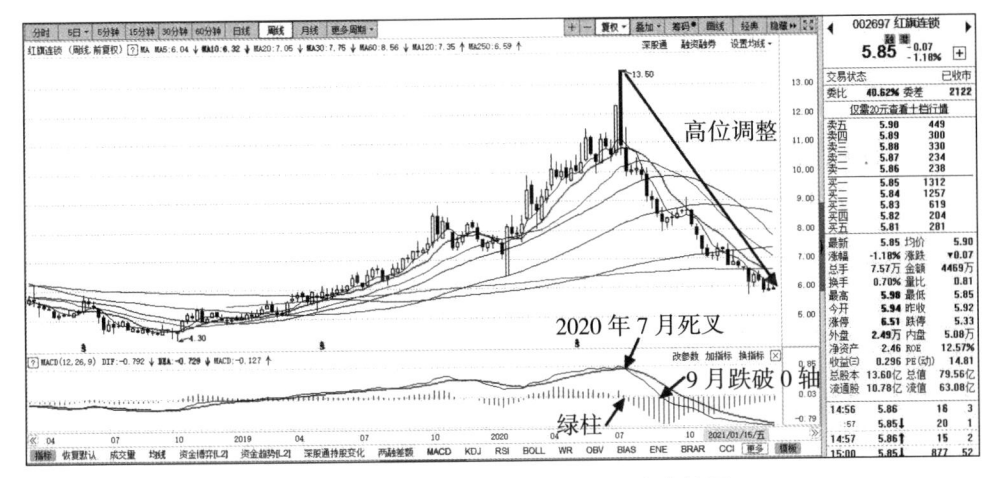

图5-24 红旗连锁（002697）K线走势图

（2）当股价开始远离5周均线，周线的MACD指标红柱变短时，是一个中期出局的好机会。

如图5-25所示，南极电商（002127）的走势图。该股在2020年7月17日这一周出现了股价开始远离5周均线的形态，与此同时，其MACD指标中的红柱开始缩短。从中长线的角度来说，此时是一个投资者出局的好机会。此后该股的价格确实从24元多跌到2021年1月不足10元的价格，跌幅高达56%。

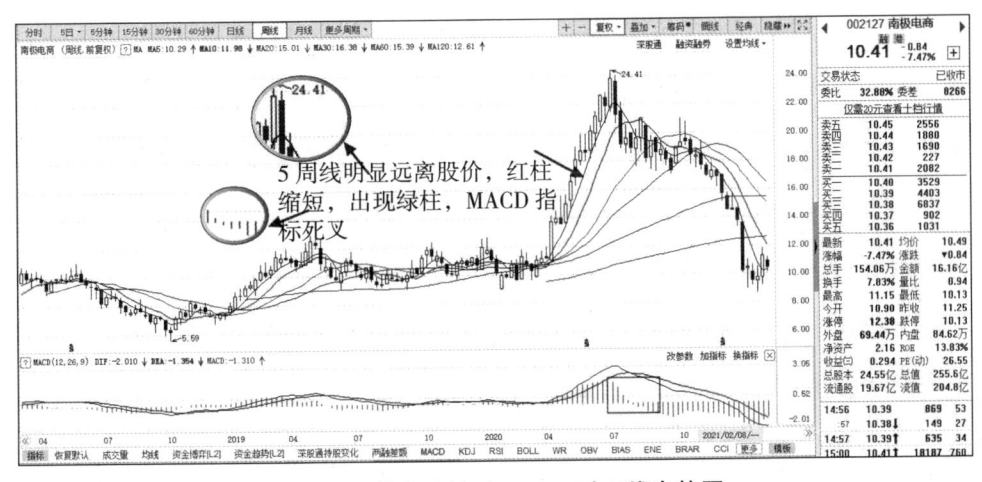

图5-25 南极电商（002127）K线走势图

（3）当日线和周线的MACD指标出现双死叉的走势时，投资者应及时卖出。

如图5-26所示，贝瑞基因（000710）的走势图。2020年8月7日，该股日线MACD指标发出第一个卖出信号，随后MACD指标出现绿柱，并在9月7日下穿0轴。

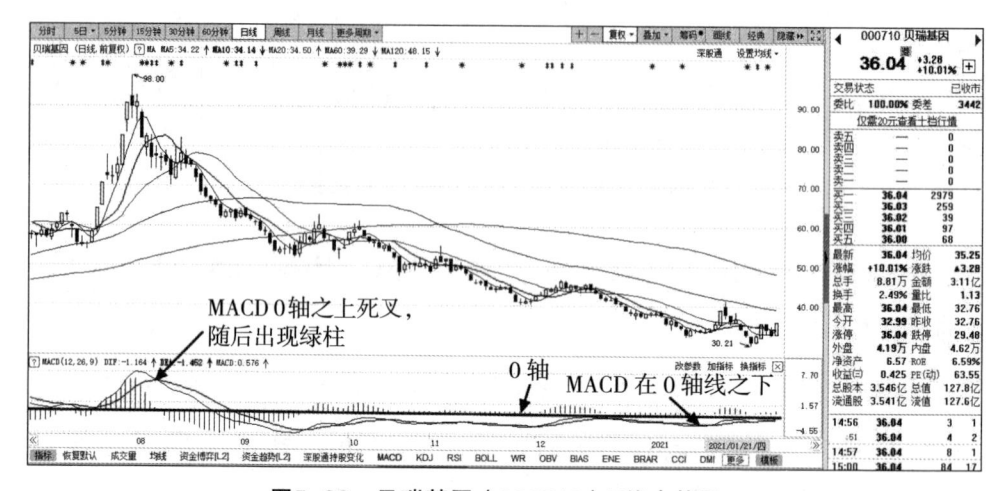

图5-26　贝瑞基因（000710）K线走势图1

如图5-27所示，此时该股的周线MACD指标同样从8月中旬开始出现红柱缩短现象，9月中旬，周线MACD指标出现死叉。其日线和周线的MACD指标走出双死叉形态，意味着该股中期的调整来临，此后该股的周线MACD指标一直在0轴之下运行，股价也从85元多跌至33元附近，已经腰斩。

（4）周线0轴之上二次死叉的个股要坚决卖出。

如图5-28所示，新希望（000876）的走势图。该股在2020年5月和9月出现了周线MACD指标在0轴之上双死叉的局面，尤其是第二次的死叉，其做头趋势更加明显，此时投资者应果断卖出。

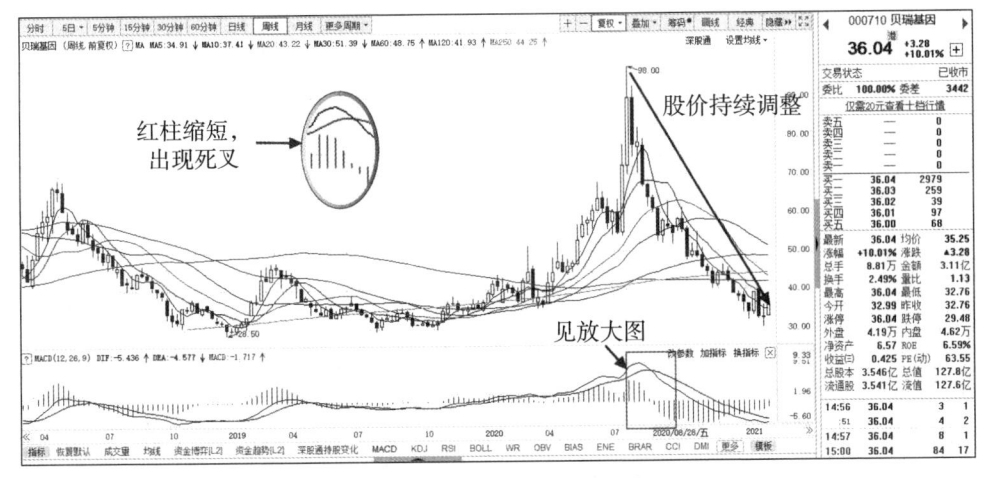

图5-27 贝瑞基因（000710）K线走势图2

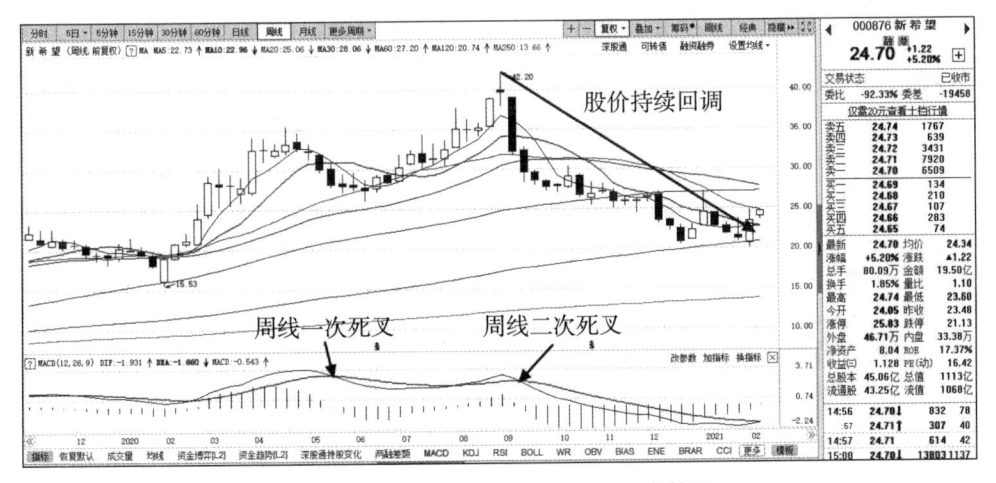

图5-28 新希望（000876）K线走势图

三、周线MACD指标金叉选股三部曲

第一步：粗选出周线MACD金叉的股票，选股要点如下。

（1）周线MACD的两条线在0轴附近或之上金叉的股票最佳，这样的股票后期的拉升力度和幅度也将很大；距离0轴较远金叉的个股次之（不管是0轴之上还是之下）。

如图5-29所示，平安银行（000001）的走势图。2020年6月24日，该股的周线MACD指标在0轴附近金叉，到2021年2月初，该股的涨幅接近翻倍。

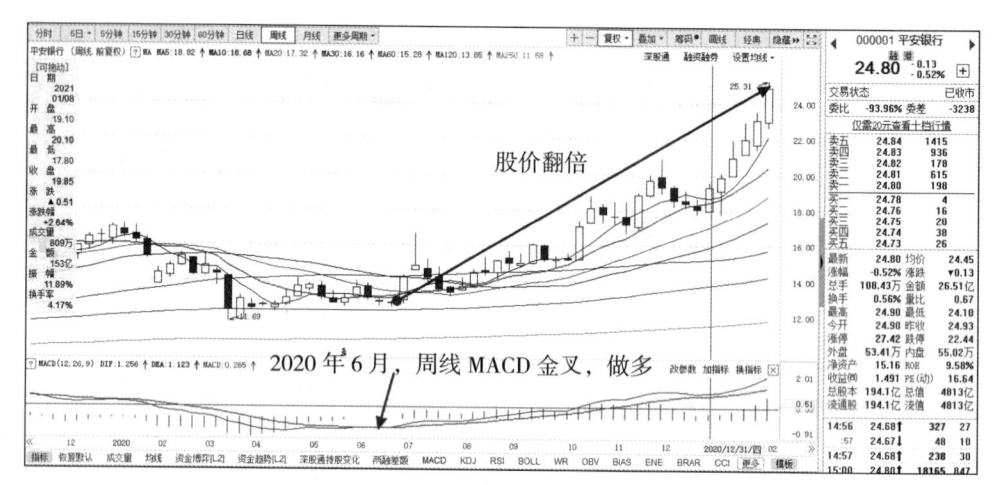

图5-29　平安银行（000001）K线走势图

（2）在0轴下方较远的金叉，预示主力处于建仓期，后市振荡洗盘难以避免，这样的个股要谨慎介入。

（3）在0轴上方较远的金叉，要防止出现套人的走势。

第二步：在选出周线MACD金叉的股票后，日线配合继续精选，要点如下。

（1）首选股价第一次站上60日均线的个股，太早不牢靠，太晚容易追高。

（2）选择日成交量明显放大，量比在1.5以上的为佳。

（3）选择日线MACD指标刚刚升到0轴之上，或在0轴附近恰好金叉的最佳。

如图5-30所示，宁波东力（002164）的走势图。该股的周线MACD指标在2020年7月3日出现金叉，而在日线形态上（如图5-31所示），7月

1日，该股的日线MACD指标在0轴附近金叉，7月6日，该股股价第一次站上60日线，7月3日，该股成交量2073万股，成交额2073万元，6日的成交量达到3771万股，完全符合选股标准。随后该股在短短8个交易日里，涨幅高达70%。

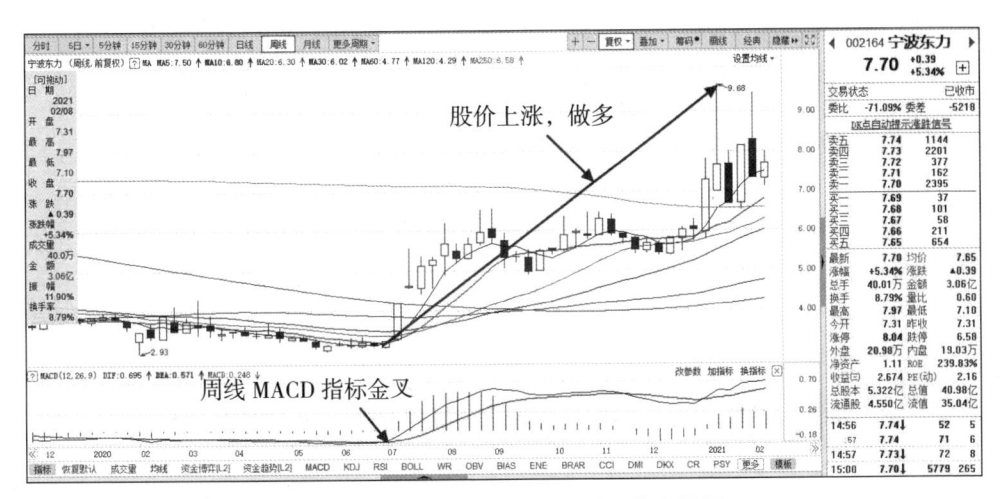

图5-30　宁波东力（002164）K线走势图1

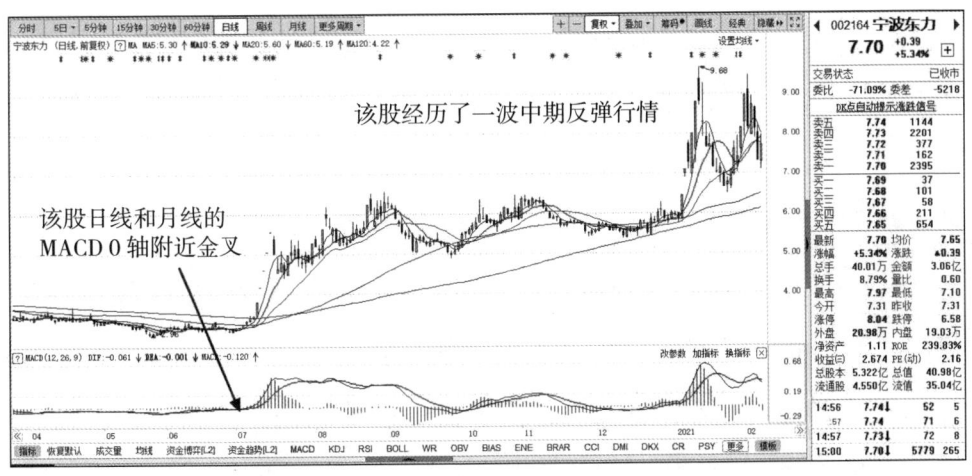

图5-31　宁波东力（002164）K线走势图2

第三步：盘中跟踪与买进要点。

（1）操作的最佳时机在开盘前15分钟，如果跟踪目标在9点25分第一笔成交中量比超过8，高开幅度在1%~3%之间，可以择机进场。

（2）若大盘走势平稳，所跟踪目标在热点板块排名靠前，优先考虑介入。

（3）利用分时图技术确定买进介入点，也可以在尾盘15分钟确定。

总之，周线MACD指标对于做波段操作中线的投资决策极其重要，至于具体买点的选择，则应在周线MACD指标发出买入信号前提下，结合更短线的指标，如日线KDJ指标发出的买入信号。周线MACD指标的应用，应与KDJ指标及30日均线等综合利用，才能在把握好中期趋势的同时，找到更适宜的买点。

第五节　MACD 指标应用的 20 句口诀

本节对如何使用MACD指标做一个总结，也可以称为应用口诀。

（1）MACD指标的两条线DIFF和DEA在0轴下方折腾得越欢，金叉和死叉的次数越多，越不是我们选择的标的，通常这样的股票都是熊股。

（2）MACD指标的两条线DIFF和DEA在0轴上方每发生一次金叉，都意味着股价可能创新高，通常这样的股票都是牛股。

（3）MACD指标的两条线DIFF和DEA在0轴下方的第一次金叉不要参与，二次金叉或者上穿0轴后的金叉更有效。

（4）MACD指标的两条线DIFF和DEA在0轴上方不论金叉、死叉，在没有跌破0轴线之前，都可以中线持股。

（5）MACD指标的两条线DIFF和DEA在0轴上方走出空中加油的趋势，要毫不犹豫地进场。

（6）运用能量柱买卖的时候，采取买小卖小的原则，即买在二次小绿柱，卖在二次小红柱。

（7）MACD指标跌破0轴股价必跌，上穿0轴大概率上涨。

（8）金叉属于上涨行情，死叉通常要做空。

（9）一次顶背离做空，多次底背离，最后一次选择做多。

（10）低位金叉放量才可靠，高位死叉有量无量都离场。

（11）MACD指标的两条线DIFF和DEA在0轴之下二次死叉，属于不可救药的股票。

（12）MACD指标的两条线DIFF和DEA在0轴之上二次金叉，是需要抢筹的股票。

（13）能量柱持续翻红有大牛，持续走绿必大熊。

（14）绿转红，看量能，一旦放量要敢买。

（15）红转绿，要小心，有量无量莫逞能。

（16）0轴线很关键，上多下空真方便。

（17）周K线，要常看，KDJ配合更全面。

（18）日均线，排一遍，多头趋势敢进场，空头形态多观看。

（19）高送转，看除权，前放量，后观望（凡除权10送5以上股票，除权前已经放量的，除权后不进场）。

（20）主升浪，大牛股，寻找黑马看周线，周线MACD指标上穿0轴金叉很关键。